MUNDIALES

HISTORIAS INCREÍBLES

ANDRÉS LICHTVELD

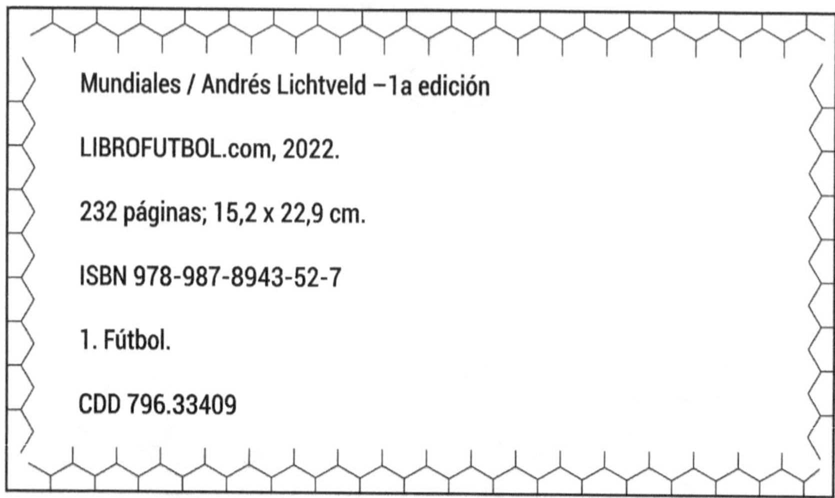

Mundiales / Andrés Lichtveld –1a edición

LIBROFUTBOL.com, 2022.

232 páginas; 15,2 x 22,9 cm.

ISBN 978-987-8943-52-7

1. Fútbol.

CDD 796.33409

MUNDIALES
de Andrés Lichtveld

Cubierta: Luciano Medvetkin	Foto del autor: © Andrés Lichtveld
© 2022 – Andrés Lichtveld © 2022 – LIBROFUTBOL.com	Todos los derechos reservados

ISBN 978-987-8943-52-7	1ª edición: noviembre 2022

ediciones@librofutbol.com

+54 9 11 2215 1982

librofutbol

Av. Libertador 6898 – Núñez - Ciudad de Buenos Aires – Argentina

ÍNDICE

PRÓLOGO

De todos los Mundiales, el de Qatar 2022 es el más atípico. Si junio y julio eran las fechas para celebrar la gran fiesta del mundo, para este año corresponde a noviembre y diciembre por temas climáticos en la nación de la península arábiga.

Pero esta es apenas una de las anécdotas, una más, en la maravillosa historia de las Copas del Mundo. Es un pasito en el largo recorrido del torneo más esperado, y los 92 años anteriores son analizados desde el punto de vista de las curiosidades por Andrés Lichtveld, en este libro que nos llena de alegrías, llamado Mundiales: historias increíbles.

El pitazo inicial que significó Uruguay 1930 ayudó a la construcción de una mitología que se fue desarrollando, donde dioses como Pelé, Franz Beckenbauer, Johan Cruyff, Michel Platini, Diego Maradona, Zinedine Zidane, Ronaldo, Ronaldinho, Andrés Iniesta y cientos, miles más, han dejado su huella.

Como decía Eduardo Galeano en la Biblia del deporte rey, "El fútbol a sol y sombra", cada uno de ellos era un "descarado carasucia que se sale del libreto y comete el disparate de gambetear a todo el equipo rival, y al juez, y al público de las tribunas, por el puro goce del cuerpo que se lanza a la prohibida aventura de la libertad".

Lichtveld camina, con mucha acuciosidad, sobre las pisadas de estas leyendas, examinando las historias más amenas, sorprendentes y atractivas que han nacido alrededor del balón cada cuatro años, salvo la pausa de la Segunda Guerra Mundial.

Episodios extraordinarios como el Maracanazo de 1950, el estreno de Pelé en los Mundiales en 1958, La Naranja Mecánica, la Mano de Dios con Diego Maradona como protagonista, el pentacampeonato de Brasil y más, muchísimos más, se encuentran en este libro.

Cada Mundial representa no solo una oportunidad para disfrutar de la locura que genera en el campo, los colores desplegados en las gradas y el estado de aislamiento que vive cada fanático, enfocado en el evento, sino la ocasión para poder disfrutar de literatura futbolera. Con cada torneo, el mar de letras danza alrededor del balompié y Lichtveld contribuye dejando su estilo fresco en Mundiales: historias increíbles.

Solo nos queda disfrutar de su lectura y recordar, con Lichtveld, cómo el Mundial le ha cambiado la vida a nuestros bisabuelos, abuelos y padres, y a nosotros mismos, siempre y cuando hayamos crecido en esta extraordinaria familia del balompié.

Humberto "Kiko" Perozo Suárez
Votante al premio The Best FIFA

CAPÍTULO 1

1930 EL VIAJE EN EL CONTE VERDE

Para cruzar el atlántico por aire en los años 30, era necesario abordar un dirigible que tardaría alrededor de cinco días en llegar a su destino. Una de las rutas más comunes partía en la noche de los sábados desde Friedrichshafen, Alemania, para aterrizar en Río de Janeiro el jueves por la mañana.

En la actualidad, un vuelo comercial con un periplo similar, toma menos de un día para culminar el viaje, permitiendo a millones de personas cruzar el atlántico cada año.

Volar en un dirigible para trasladarse desde Europa a América, era extremadamente costoso, siendo este un privilegio que muy pocos podían costear. Un boleto de ida para subirse a la nave, podía costar hasta 400 dólares de la época, lo que equivale a una suma cercana a los 7050 dólares actuales.

Situando en perspectiva lo costoso que sería transportar a las delegaciones europeas participantes en el primer Mundial: Bélgica, Francia, Rumanía y Yugoslavia, y tomando en cuenta que este era un torneo naciente, sin el poder económico que la FIFA tiene como organización en la actualidad, además de la fuerte crisis económica mundial derivada en 1929; debía encontrarse una solución viable para que equipos y dirigentes del viejo continente pudieran llegar a tierras charrúas.

Mientras que la selección de Yugoslavia emprendió su viaje desde las aguas de Marsella a bordo del SS Florida, donde esperarían al combinado egipcio que no pudo llegar a tiempo debido a una tormenta en el Mediterráneo, aplazando el estreno africano en los Mundiales, quedándose fuera de la Copa del Mundo.

Bélgica, Francia y Rumanía estaban por adentrarse en una travesía que pasaría a la historia, cruzando el atlántico en el SS Conte Verde, un crucero italiano propulsado por turbinas de vapor de doble reducción y dos hélices.

El 21 de junio de 1930, justo antes de iniciar la Copa del Mundo en Uruguay, el SS Conte Verde zarpó desde Génova, Italia, hasta Sudamérica, con la delegación rumana a bordo. El barco se detuvo en Villefranche-sur-Mer, para recoger a la selección de Francia. Posteriormente, el crucero llegó a Barcelona, España, recibiendo al combinado belga.

Además de los combinados europeos, también viajaban en el barco el presidente de la FIFA (Jules Rimet) con su hija, tres árbitros, el rey rumano Carol II y el primer trofeo de los Mundiales, el *Victoire*, hecho de plata esterlina enchapada en oro con una base azul de malaquita, con una altura de 35 centímetros y peso de 3,8 kilogramos, siendo obra del escultor francés Albert Lafleur.

Poco más de diez mil kilómetros separaban a Barcelona de Montevideo, por lo que el viaje iba a durar más de dos semanas. En este período, los equipos debían mantenerse en forma y listos para afrontar la gran cita mundialista.

El atacante galo Lucien Laurent, quien anotó el primer gol en la historia de los Mundiales frente a México, años después habló sobre cómo se mantuvieron en forma durante el viaje: "No se habló de tácticas ni nada de eso, simplemente corríamos alrededor de la cubierta. Corriendo, corriendo todo el tiempo. Abajo hacíamos ejercicio: estirar, saltar, subir escaleras, levantar pesas. También había una piscina que todos usamos hasta que el clima se enfrió. Y nos entreteníamos con un acto de comedia o un cuarteto de cuerda. Era como un campamento de vacaciones. Realmente no nos dimos cuenta de la enorme magnitud de por qué íbamos a Uruguay. Hasta años después no apreciamos nuestro lugar en la historia. Fue solo aventura. Éramos hombres jóvenes divirtiéndonos. El viaje en el Conte Verde tomó 15 días. Fueron 15 días muy felices".

Edmond Delfour, centrocampista francés y compañero de Laurent, también se refirió sobre el aspecto físico de cara al Mundial: "Fue un viaje muy duro, porque en aquella época solo se podía llegar en barco. Raoul Caudron, que era el entrenador entonces, me dijo: 'Tienes que mantener a los jugadores ocupados en el barco, mantenerlos en forma'. Así que me convertí en su preparador físico durante el viaje. Fue un viaje magnífico".

Aunque las óptimas condiciones para el entrenamiento no estaban dadas, los equipos se las ingeniaron para mantener su forma competitiva y divertirse, en algunos casos, jugando partidillos en la cubierta: "Solo se nos cayó un balón al agua", señaló el delantero rumano Rudolf Wetzer.

El comandante de la tripulación, Amedeo Pinceti, destacó en su bitácora las actividades realizadas por los futbolistas. "Ese puente y esa cubierta de la que se han quejado pero que, hablando de barcos, para mí es lo mejor de Europa. En este barco tienen un gimnasio, es posible pasear, practicar deportes y hacer otras actividades y diversiones".

La música no faltó en el largo viaje, cada delegación mostró sus mejores dotes artísticos, siendo un interesante intercambio cultural entre jugadores. "Los rumanos nos sorprendieron por sus dotes cantoras. Cada vez que iniciaban un concierto bajo la dirección de su delantero centro, los pasajeros abandonaban los salones para asistir a aquel refinamiento artístico", relató el diario catalán *La Vanguardia*.

El mítico árbitro John Langenus, juez central de la primera final de los Mundiales, también se refirió a los conciertos e intercambios musicales: "Los franceses se adueñaron de un rincón del barco al que bautizaron Montmartre y se distraían con canciones de Maurice Chevalier".

Ante la atenta y analítica mirada del comandante Pinceti, estaban los futbolistas y otros pasajeros, con quienes pudo compartir e intercambiar opiniones. Aquel fútbol, rústico, a diferencia del actual, era algo primitivo en cuanto a implementos, botines y balones.

"Hombres fuertes, algo por otra parte lógico, puesto que para tener el coraje suficiente como para pegarle con la cabeza al pétreo balón de cuero con el que juegan, dotado de una aparatosa costura exterior, hay que tenerlos muy bien puestos", explicó Pinceti. "O como mucho y tal y como me reveló el jugador francés Luciente Laurent, tener el suficiente ingenio como para jugar con una boina rellena con papel de periódico. Buen tipo este Laurent, listo donde los haya y al que le deseo mucha suerte".

Tras una semana de viaje en el océano, el crucero llegó a las costas de Río de Janeiro para recibir a la delegación brasileña. Finalmente, el cuatro de julio y 15 días desde que aquel barco zarpara en Barcelona, el SS Conte Verde llegó a Montevideo, donde ya los esperaba la selección de Yugoslavia.

Quienes transitaban en este crucero, nunca se imaginarían que estaban escribiendo una historia especial, los momentos previos a la primera Copa del Mundo, que se seguiría celebrando hasta casi 100 años después.

Pinceti, comandante de la tripulación y Jules Rimet, presidente de la FIFA, tenían la sensación de que estaba ocurriendo algo especial y vaya que tenían razón.

"Tengo la sensación de que esta no será una singladura más, de que estas líneas en mi 'Diario de a bordo' atestiguarán un hecho histórico para el deporte y para la humilde historia del SS Conte Verde y su capitán, el que suscribe y firma este conglomerado de experiencias y emociones", rememoró Pinceti en su diario. "Rimet se sentía muy ilusionado y me repetía de forma incesante que el Conte Verde pasaría a la historia por ser el barco encargado de llevar a bordo la estatuilla de 'Alas doradas' que custodiaba con tanto interés".

Años más tarde, en 1944, el barco fue bombardeado y hundido por un B-24 durante la Segunda Guerra Mundial, antes de ser levantado y reparado una vez más, rebautizado como Kotobuki Maru, convertido en buque de tropas, y remolcado a Maizuru, una ciudad portuaria en el norte de la Prefectura de Kyoto, Japón.

Aunque el SS Conte Verde se hundió en lo más profundo de las aguas, su aporte y rol trascendental para la ejecución de la primera Copa del Mundo quedarán inmortalizados para siempre en los corazones de los más futboleros.

CADA PAÍS QUERÍA JUGAR CON SU PROPIO BALÓN

A diferencia de los Mundiales como los conocemos, donde previamente se designa y anuncia un balón oficial, en la Copa del Mundo de 1930 no existía tal esférica reglamentaria para su uso en todos los partidos; por lo tanto, en la final entre Argentina y Uruguay, celebrada en Montevideo, hubo una interesante disputa previo al encuentro.

En el partido entre dos selecciones rivales, con la oportunidad de quedar en la historia como el primer campeón de la Copa del Mundo, no se podía otorgar la mínima ventaja, es por ello que tanto argentinos como uruguayos querían jugar la final cada uno con su balón, con el que estaban acostumbrados a jugar y entrenar.

El responsable de dirigir el caldeado encuentro fue el belga John Langenus, esto luego de la decisión tomada por el Comité de Competición de la FIFA. Langenus, quien posteriormente se convertiría en uno de los árbitros más recordados de los Mundiales, tomó una decisión previo al partido, que quedó para la historia.

Los capitanes de Uruguay y Argentina, José Nasazzi y Manuel Ferreira, se encontraron en medio de una fuerte disputa entre las dos federaciones en cuestión, con la finalidad de jugar el partido final utilizando el balón de cada país.

Dado el altercado y la imposibilidad de llegar a un acuerdo, el árbitro Langenus tomo la determinación de hacer una propuesta,

la cual fue aceptada por ambos capitanes: se jugaría medio tiempo con un balón y la otra mitad del partido con otro, permitiendo a los dos equipos la oportunidad ecuánime de afrontar el compromiso con su esférico.

Con el estadio Centenario de Montevideo repleto, Langenus entró al engramado con los dos balones y una moneda, la cual lanzó al aire para sortear con cuál se jugaría cada tiempo. La suerte dictó sentencia: se daría el puntapié inicial con el balón argentino, mientras que la pelota uruguaya rodaría en la segunda parte.

"La animosidad entre los dos países, que se reveló desde el momento en que hubo que escoger balón para el encuentro", relató el árbitro Langenus en su libro *Silbando por el mundo*. "Cada equipo llevaba un balón de fabricación nacional y pretendía no jugar más que con el suyo, lo que explica que en el momento de empezar me encontrase yo en el medio del campo con un balón en cada brazo. Hubo que elegir tirando a cara o cruz".

Argentina, con su balón en juego, se puso por delante en el marcador al culminar la primera parte. Pablo Dorado abrió el marcador para la Celeste, mientras que Argentina logró remontar parcialmente gracias a los tantos de Carlos Peucelle y Guillermo Stábile, quien terminaría la contienda como máximo artillero, registrando ocho dianas en cuatro partidos.

Se reanudaron las acciones en la segunda parte, utilizando el cuero uruguayo para definir al primer campeón del mundo. El combinado local regresó a la cancha con gran determinación, jugando al fútbol con total vehemencia, sabiendo lo que estaba en juego.

Pedro Cea igualó el marcador 2-2 a los 57 minutos, posteriormente La Albiceleste no pudo contener el alto ritmo de los uruguayos, sucumbiendo y recibiendo tantos por parte de Santos Iriarte y Héctor Castro, para sentenciar la primera final de la Copa del Mundo con marcador de 4-2 a favor de Uruguay.

Al final, cada selección ganó su mitad del encuentro, aunque Uruguay, con su redonda, según cuentan, un poco más grande y pesada, logró imponerse de mejor forma en el segundo tiempo, para empezar a escribir la historia de los campeones mundiales.

ENTRENADOR Y ÁRBITRO DE UN MISMO MUNDIAL

En medio de la gran tensión que vivía Bolivia en el verano de 1930, entre marchas populares, levantamientos militares y disputas que dieron como resultado la salida del presidente Hernando Siles, La Verde, como es conocida la selección nacional de fútbol boliviana, tenía una cita importante con la historia, siendo invitada a la primera edición de la Copa del Mundo a celebrarse en Uruguay.

Quien tuvo la gran responsabilidad de ser el entrenador del equipo y guiarlos en una nueva experiencia, fue Ulises Saucedo, considerado como uno de los grandes impulsores del fútbol boliviano. Saucedo vivía un gran momento como estratega, siendo vigente campeón con The Strongest de manera excelsa, dominando el campeonato local de forma invicta, sin recibir goles, un hito jamás igualado en el balompié boliviano.

El andamiaje de La Verde en la primera edición de la Copa del Mundo, no fue positivo. En un grupo compartido con Yugoslavia y Brasil, Bolivia sucumbió en ambos partidos con marcador de 4-0, poniendo un prematuro fin a su participación en el magno torneo.

Si bien el combinado Boliviano había terminado labores en Uruguay, Saucedo debía seguir trabajando, ya que también fue seleccionado como uno de los 15 colegiados para ese Mundial, desempeñándose como árbitro central y juez de línea.

Saucedo haría su estreno como *linier* en el partido donde la Argentina de Luis Monti doblegó a Francia en fase de grupos, convirtiéndose así en el primer árbitro boliviano con presencia en un torneo internacional.

Su labor como colegiado en la primera Copa del Mundo finalizó con funciones de *linier* en cinco encuentros, incluyendo el ya mencionado Argentina-Francia, además de Uruguay-Rumanía, Argentina-Chile, Uruguay-Yugoslavia y en la gran final: Uruguay-Argentina.

Fue árbitro principal en el partido donde Argentina goleó a México con marcador de 6-3, viendo de cerca el primer *hat-trick* mundialista, autoría de Guillermo Stábile.

Por más insólito que parezca, Ulises Saucedo no fue el único hombre con roles compartidos (entrenador y árbitro) en el Mundial de 1930. También lo hizo el rumano Constantin Rădulescu, un veterano de la Primera Guerra Mundial, quien además estaba a la cabeza de la comisión de árbitros de su país, sumando otra función durante la competencia.

Aunque en lo futbolístico las cosas empezaron bien, derrotando a Perú con marcador de 3-1 en su estreno, el combinado rumano cayó goleado frente a la selección uruguaya, poniendo fin a su participación en el Mundial.

Como árbitro, se desempeñó como juez de línea en dos partidos: Argentina 6-3 México y Argentina 1-0 Francia, coincidiendo en la terna con el ya mencionado Ulises Saucedo.

Más adelante, Rădulescu compitió en *bobsleigh* en los Juegos Olímpicos de Invierno de 1936, celebrados en Garmisch-Partenkirchen, terminando en el puesto 15 en la prueba de dos hombres, demostrando una vez más su polifacetismo en el mundo deportivo.

CANTÓ GARDEL

La música y la Copa del Mundo han ido de la mano desde su concepción. Tal como ocurre en la actualidad, los máximos exponentes artísticos, de alguna u otra manera, formaron parte de la historia mundialista, acercándose al balón y los protagonistas.

A inicios del siglo XX, el virtuoso cantante Carlos Gardel, considerado el máximo exponente del tango en su historia, era una de las grandes figuras artísticas a nivel internacional. Todavía está latente la frase que mayor lo describe: "Cada día canta mejor".

La relación de El Zorzal Criollo con la primera Copa del Mundo se remonta a los relatos de Amadeo Pinceti, comandante del SS Conte

Verde, el crucero donde viajó Jules Rimet, presidente de la FIFA y fundador de la Copa del Mundo, junto a tres selecciones europeas, árbitros y dirigentes, rumbo a tierras charrúas.

"He de reconocer que este caballero francés (Jules Rimet) me ha dejado huella y eso que a bordo del Conte Verde han viajado insignes personajes. De entre ellos destacaría especialmente a Carlos Gardel, que en 1928, acompañado por los guitarristas Barbieri y Aguilar, me pidió que detuviera la marcha de las máquinas e invitara a todos los pasajeros y a la tripulación a rendir un silencioso homenaje de pesar al escritor argentino Ricardo Güiraldes (cuyos restos mortales regresaban de París para ser sepultados en el pueblo bonaerense de San Antonio de Areco). Un genio como cantante y como persona, un tipo fascinante este Gardel. Al igual que el Sr. Rimet, el caballero que ha organizado ese curioso torneo que se disputará en Montevideo, que despierta gran curiosidad en mí y me tiene realmente expectante. Expectante porque desde que zarpamos de Génova me fueron sorprendiendo las historias que rodean a estos futbolistas".

Previo al debut argentino en la Copa del Mundo frente a Francia, Gardel, también conocido como El Morocho del Abasto, visitó la concentración del cuadro albiceleste que se encontraba en La Barra de Santa Lucía, en las afueras de Montevideo.

El afamado cantante, acompañado por sus guitarristas, el uruguayo Aguilar y el argentino Barbieri, bromeó y compartió con los dirigidos por Francisco Olazar, hasta les cantó algunos tangos, donde destaca *Patadura*, pieza escrita por Enrique Carrera Sotelo en 1928 que hace mención a futbolistas como Pedro Ochoa (ídolo de Racing), Luis Monti (presente en el Mundial de 1930), Manuel Seoane (figura de Independiente) y Domingo Tarasconi (ídolo de Boca Juniors).

Tras el cálido compartir del popular cantante con la delegación argentina, donde destacaba el artillero Guillermo Stábile, junto al capitán Manuel Ferreira y Luis Monti, el diario *La Razón* reseñó la ocasión con una publicación titulada: "Carlos Gardel llevó al campamento argentino la alegría de sus canciones".

Guillermo Barbieri, guitarrista que acompañó a Gardel, dijo a *La Razón*: "Tengo una fe ciega en los muchachos argentinos, son guapos y grandes jugadores. (...) Si llega a jugar en el centro el gran Stábile, no solo ganamos sino que los vamos a llenar de goles".

Por su parte, Aguilar declaró: "Yo soy uruguayo y los de esta tierra juegan al fútbol como nadie. Solo los argentinos son los que pueden ganarnos, pero no hay que olvidar que cuando juegan los celestes hay que abrir la cancha".

Luego del estreno argentino con triunfo sobre Francia, el combinado albiceleste se enfrentó a México, a quien goleó con marcador de 6-3. Pese al contundente revés, el arquero mexicano, Oscar Bonfiglio, vivió una noche que recordó para siempre.

Durante el encuentro, el colegiado Ulises Saucedo sentenció un penalti a favor de Argentina. El defensor Fernando Paternoster, también conocido como El Marqués, falló su disparo desde los 12 pasos, detenido por Bonfiglio, quien se convirtió en el primer guardameta parando un penal en los Mundiales.

"Él decía que fue intuición, porque en esa época el portero no se podía mover para nada, no había forma, solo tratar de adivinar y tirarse a un lado", explicó años más tarde el nieto de Bonfiglio, en entrevista con ESPN. "Aunque también decía que no fue bien tirado ese penalti, porque era muy difícil fallar un penalti, y más, este tiro fue detenido...".

Se podría pensar que ese hito sería protagónico en una noche histórica; sin embargo, Carlos Gardel, presente en el estadio Centenario de Montevideo, tenía algo preparado que haría aún más especial la jornada de Bonfiglio.

"Alguien tocó en el vestuario mexicano y entró un personaje internacionalmente conocido que preguntó: '¿Dónde está el joven Bonfiglio?'. Mi abuelo levantó la mano y fue hacia él... 'déjeme felicitarlo porque le ha parado un penalti a uno de los hombres más infalibles de la historia... Y déjeme darle un abrazo y complacerle en lo que usted me pida. Pídame lo que quiera'.... Ese hombre era nada menos que Carlos Gardel, el mejor cantante de tangos de la historia…".

Mientras vivía un momento mágico junto a un ídolo de la música, Bonfiglio le pidió al Zorzal una canción, *El día que me quieras*, con letra de Alfredo Le Pera.

Avanzada la Copa del Mundo, ya solo quedaban cuatro equipos en contención al título: Argentina se enfrentaba a Estados Unidos y Uruguay se mediría frente a Yugoslavia. Un periodista local le consultó a Gardel sobre sus expectativas y este respondió: "El fútbol es más difícil de acertar que las carreras y ya sabemos que en el hipódromo no acierta nadie. Sin aventurar un pronóstico diré solamente que los rioplatenses serán de los más difíciles y que, si llegan a la final, habrá que tirar la monedita para saber quién gana".

Gardel no se equivocó: la final sería rioplatense. Argentina venció holgadamente a Estados Unidos con marcador de 6-1, gracias a una estupenda actuación de Guillermo Stábile, Carlos Peucelle y Luis Monti. Por su parte, La Celeste doblegó por el mismo resultado a Yugoslavia, con tres goles del atacante Pedro Cea.

El 28 de julio, a dos días de la final en el estadio Centenario, el Zorzal visitó la concentración de la selección uruguaya en el Club Olimpia, lo que fue un momento especial. Los charrúas aseguraban que el magistral cantante había nacido en Tacuarembó, Uruguay, una hipótesis que algunos historiadores mantienen, aunque los documentos demuestran que Gardel es nacido en Francia y nacionalizado argentino.

El afamado cantante no asistió a la gran final, que vio a Uruguay convertirse en la primera campeona del mundo tras doblegar 4-2 a la selección argentina; no obstante, El Rey del Tango, con su cálida voz y peculiar personalidad, dejó una huella imborrable en la historia del magno evento futbolístico.

JOHN LANGENUS, EL ELEGANTE

Un partido de fútbol no puede efectuarse sin alguien que imponga en la cancha una autoridad que permita a 22 jugadores desempeñar su juego de la forma más pura y natural posible, aunque no es fácil, ese hombre número 23 dentro del campo también es humano.

El mejor árbitro es aquel que pasa inadvertido durante el partido, dejando que el espectáculo del juego en sí sea el que acapare todos los focos. Aquellos colegiados que son protagonistas, suelen ser los más polémicos. Salvo casos puntuales, la fama de un silbante suele ser directamente proporcional a su mala actuación. Mientras menos se habla del juez, mejor ha sido su trabajo en el engramado.

Se pueden contar solo algunos árbitros que han tomado protagonismo y son recordados en la historia como excepcionales, gracias a su profesionalidad, imparcialidad y poder de impartir justicia. Entre los más modernos podemos mencionar a Pierluigi Collina, Howard Webb o Markus Merk; no obstante, la primera Copa del Mundo tuvo al primer gran *referee*.

John Langenus, nacido en Amberes (Bélgica), tras su buena actuación en los Juegos Olímpicos de Ámsterdam en 1928, fue elegido como uno de los árbitros para participar en el primer Mundial, a celebrarse en Uruguay, 1930.

Aquel árbitro elegante, de 1,90 metros de estatura, con porte y forma atípica de vestir, usando un traje con camisa, pantalones bombachos, corbatín y zapatos, era además gobernador de Amberes, su ciudad natal, y dominaba cuatro idiomas. Un ser bastante educado y refinado que, al ver frustrado su sueño de ser futbolista, encontró en el arbitraje la manera de mantenerse en las canchas.

Tuvo una gran labor durante el inicio del certamen, dirigiendo dos encuentros de fase de grupos, incluyendo el de Uruguay y Perú, que inauguró el para entonces nuevo Estadio Centenario de Montevideo.

Al finalizar su faena en una de las semifinales, donde Argentina goleó a Estados Unidos con marcador de 6-1, Langenus se marchó a conocer Buenos Aires, ya que —en teoría— sus funciones en la competencia habían llegado a su fin, aunque el fútbol le tenía un último reto en su camino.

Dos horas antes de iniciar la gran final, el árbitro belga recibió una llamada donde le informaron que él impartiría justicia como juez central del encuentro definitorio entre Uruguay y Argentina. Habiendo vivido en carne propia la rivalidad de estos dos equipos en las Olimpiadas de 1928 y la tensión con la que se vivía la previa del partido, Langenus puso condiciones para aceptar el llamado.

Langenus pidió una ruta de escape que lo llevaría a un barco al finalizar el encuentro, velando por su seguridad para partir de regreso a Europa sano y salvo. No sería fácil: la única nave que salía al "viejo continente" lo haría el mismo día de la final, por lo que el juez tuvo que convencer al capitán para que retrasase su salida. Afortunadamente, el letrado árbitro consiguió la garantía de que esperarían por él antes de zarpar.

Los ánimos previos al encuentro definitorio estaban caldeados, las puertas del estadio abrieron a eso de las ocho en punto, más de cinco horas antes del pitazo inicial. Los fanáticos fueron registrados de forma exhaustiva, con la finalidad de impedir la entrada de armas al recinto.

"Fuera del estadio, los soldados con bayoneta calada canalizaban la circulación, y dentro, el orden estaba garantizado por la policía. No entraba nadie en el estadio que no hubiese sufrido una minuciosa inspección por parte de los soldados, que además cacheaban a los sospechosos", explicó Langenus en su libro *Silbando por el mundo*. "Cuando llegué provisto de mi maletín, debí parecer más sospechoso que los demás, porque me registraron cuidadosamente. ¡Quién sabía si podía llevar un revólver! Pudiera ser que pensase apuntar al árbitro".

Se habla de que fueron decomisadas 1600 pistolas previo al encuentro, demostrando la alta tensión con la que iba a jugarse la pri-

mera final del mundo, en medio de petardos y gritos de "Victoria o Muerte" ("vencer o morir").

Luego de llegar a un acuerdo con los capitanes de ambos equipos, un "volado" con una moneda determinó que el primer tiempo se jugaría con un esférico hecho en Argentina, mientras que en el complemento, un balón uruguayo rodaría en el césped del Centenario.

Langenus estuvo a la altura del encuentro y, según crónicas, fue bastante acertado en sus decisiones. Se habla de lo arriesgada que fue la decisión de conceder el segundo gol argentino en la primera parte, lo que suponía el 1-2 parcial para la Albiceleste; de todas formas, los locales lograron remontar el partido para llevarse el triunfo con marcador de 4-2.

Una vez finalizado el encuentro, el erguido *referee* belga salió del campo de manera fugaz, un barco lo estaba esperando para regresar a Europa y no correría el riesgo de quedarse atascado en medio de un ambiente tan caliente. Par de autos policiales lo ayudaron a salir del estadio entre la multitud, dirigiendo el tráfico y despejando las vías.

Lamentablemente, de nada sirvió su apuro, las autoridades prohibieron la salida de embarcaciones a razón de una niebla sobre el Río de la Plata que impedía la óptima visibilidad a los marineros. Aunque el barco no pudo zarpar en el momento, Langenus ingresó a su camarote y esperó ahí hasta el momento de salir a Europa.

John Langenus regresaría a las dos siguientes ediciones de la Copa del Mundo en 1934 y 1938. También se convirtió en el único silbante belga en dirigir finales de Mundiales, europeos y Juegos Olímpicos. Fue árbitro internacional en 81 cotejos, entre 1924 y 1939.

Quien posiblemente fuera el primer árbitro conocido a nivel mundial, se retiró del fútbol como uno de los grandes colegiados que, con su estilo único, impartió justicia en las canchas de los más importantes torneos internacionales.

CAPÍTULO 2

1934 LA REVANCHA DE MONTI, CON OTRA CAMISETA

Líder en el engramado, el bonaerense Luis Monti es recordado como uno de los jugadores más completos de su generación. Recio, duro y férreo en la marca, pero a la vez técnico, de buen pie y acertado pase, ejerció su influencia en la defensa y comandó la construcción del ataque.

En aquel esquema predominante en los años 30, el 2-3-5, Monti ocupaba la posición de mediocentro aunque, a diferencia del rol en la demarcación actual, era ardua la labor tanto en defensa como en ataque. Era un zaguero y volante a la vez, un cerrojo a la espera del contrincante, mientras que hilvanaba el juego con la redonda en sus pies.

Su rudeza, corpulencia y temperamento a la hora de defender, lo hacían un jugador muy difícil de superar, ganándose el apodo de Doble Ancho, gracias —además— a su portento físico.

En su época fue uno de los mejores futbolistas argentinos, guía de aquel San Lorenzo de Almagro, donde alcanzó la gloria, convirtiéndose en emblema del club, conquistando tres títulos en cinco años. También vio acción vistiendo los colores de Huracán y Boca Juniors.

Previo al Mundial de 1930, a disputarse en Uruguay, se esperaba que Monti fuera uno de los elementos más influyentes de la

Albiceleste de cara al título. La magia del Doble Ancho no tardó en aparecer, cuando anotó de tiro libre frente a Francia en su estreno, el primer gol argentino en la historia de los Mundiales, para doblegar a los galos por la mínima.

Tras superar la fase grupos con pleno de victorias y mostrando un buen fútbol, Argentina se enfrentó a los Estados Unidos en semifinales, equipo al que goleó con marcador de 6-1, siendo Monti quien abriera el *score* a los 20 minutos de encuentro.

Definida la final frente a Uruguay, que venía de golear a Yugoslavia, se acercaba un partido de gran magnitud, con la primera Copa del Mundo en juego y una gran rivalidad que venía creciendo, con memoria reciente en los Juegos Olímpicos de 1928, de la Celeste que se llevó el triunfo en el encuentro definitorio.

Los uruguayos, quienes jugaban en casa, sabían de Monti y su importancia en el sistema argentino. Su dureza, juego rústico y —para algunos— malintencionado, lo hacían un futbolista que estaba en la mira de sus rivales y la afición local.

"Me mandaban anónimos, amenazaron a mi madre en Buenos Aires, me daban serenatas que no me dejaban dormir", explicó Monti en *El Libro de los Mundiales*. "Al volver en el entretiempo (Argentina ganaba 2-1) había unos 300 milicos con bayoneta calada, entonces les dije a mis compañeros: 'Estoy marcado, pongan ustedes porque yo no puedo'. Y, después de todo, ¿qué querían?, ¿que fuera un héroe del fútbol?".

Con la vida en juego y ante tales amenazas, se dice que Monti no quería jugar el encuentro; sin embargo, la lesión de su compañero Adolfo Zumelzú no le dejó opción: debía disputar la final.

Iniciado el encuentro, el extremo Pablo Dorado abrió el marcador para los uruguayos con un fuerte remate a ras de césped, venciendo al meta argentino Juan Botasso, quien custodiaba el primer poste. Pese al ambiente hostil del estadio Centenario, la Albiceleste debía meterse en el partido.

La reacción argentina no tardó en llegar: Carlos Peucelle igualó las acciones a los 20 minutos, mientras que el goleador Guillermo Stábile dio vuelta al marcador. El cuadro albiceleste se iba al descanso con marcador favorable de 1-2, a 45 minutos de convertirse en campeones del mundo.

Con el cuadro local contra las cuerdas en el marcador, las amenazas al elenco argentino regresaron en el entretiempo. "En el descanso, cuando Argentina ganaba 2-1, le dijeron (a Luis Monti) que si no perdían, iban a matar a mi abuela y a mi tía", explicó Lorena Monti, nieta del versado futbolista argentino.

En la segunda parte no se vio al Monti de siempre, férreo, recio en la marca; parecía que no estaba metido en el partido: su bravura había desparecido y era un jugador más en la cancha. "Si un uruguayo se caía, él lo levantaba. Monti no debió jugar aquella final, estaba muerto de miedo", aseguró tiempo después su compañero Francisco "Pancho" Varallo, quien también disputó el encuentro.

Uruguay buscó el partido con vehemencia y rápidamente vio frutos. Pedro Cea igualó el marcador a los 57 minutos, Santos Iriarte adelantó a los charrúas en el minuto 68 y Héctor Castro —con un testarazo— puso el cuarto gol uruguayo para sentenciar la victoria con marcador de 4-2. La Celeste se coronaba como la primera campeona del mundo.

"Monti, por su fuerza, podía ganar la final solo. Pero los dirigentes argentinos le pidieron que jugara liviano", aseguró José Nasazzi, capitán uruguayo. "¡Cómo se equivocaron! No pegó y jugó caballerosamente. Perdió importancia. Pero no fue un cobarde como se dijo después".

Como en toda derrota, hinchas y periodistas buscan responsables y lamentablemente, quien fuera el héroe de la Albiceleste en el inicio del torneo, se convertiría en el principal señalado y culpable por el revés en la final frente a Uruguay. Luis Monti era acusado de "arrugar" en el partido definitorio, incluso su club, donde era leyenda, San Lorenzo de Almagro, le rescindió el contrato.

"Todos nuestros compatriotas me habían hecho sentir una porquería, un gusano, tildándome de cobarde y echándome la culpa. Cosas que pasan en este deporte; me hicieron la cruz, viejo", enfatizó Monti. "Pero mirá lo que son las cosas, ché, como dice un añejo refrán: 'No hay mal que por bien no venga'; después de esa dramática final, me encontré con dos personas que venían de Italia a ofrecerme una fortuna para jugar en ese país".

Meses después de la trágica final en Montevideo, Monti recibió una oferta para viajar a Italia y enfundarse los colores de la Juventus de Turín, el Calcio sería su próximo destino, aunque tuvo que esperar otro año para finalmente unirse al cuadro *bianconero*.

Las críticas habían quedado atrás en su país; mientras que Monti, ya en Italia, tuvo que recuperar su forma física. El Doble Ancho estaba pasado de kilos y había sufrido múltiples lesiones. La fanaticada italiana dudaba de que ese fuera el mítico Monti argentino del cual se habló durante tanto tiempo.

Monti, ya con 30 años, tuvo más protagonismo en la cancha, conduciendo la esférica y siendo quien iniciara las jugadas desde su propio campo, renunciando a su rústico marcaje en fase defensiva. Aunque siempre fue conocido por su bravura a la hora de quitar el balón, Monti mostraba una nueva versión en Italia.

Bajo el mando del entrenador Carlo Carcano, Monti formó parte de esa Juventus que dominó a placer el fútbol italiano. El elenco donde también figuraban nombres como Gianpiero Combi, Virginio Rosetta y Raimundo Orsi, conquistó cuatro de los cinco *Scudetti* entre 1930 hasta 1935. El argentino ya era considerado como uno de los mejores jugadores del campeonato italiano.

Se acercaba el próximo Mundial de 1934, a celebrarse en Italia, y el dictador Benito Mussolini empleó un plan de nacionalización forzada para traer a los mejores jugadores extranjeros del Calcio a la selección italiana. Mussolini, entendiendo que el deporte tiene gran poder en las masas, debía hacer hasta lo imposible para que La *Azzurra* ganase el Mundial frente a su público.

De antepasados italianos, Luis Monti fue seleccionado para el mencionado programa, sumándose a otras figuras como su compañero argentino en la Juventus Raimundo Orsi, además de Enrique Guaita, Attilio Demaría y el brasileño Anfilogino Guarisi.

Italia inició su Mundial con una abultada victoria con marcador de 7-1 frente a Estados Unidos; Angelo Schiavio anotó un triplete. En cuartos de final, italianos y españoles empataron con marcador de 1-1, forzando un partido extra al día siguiente, ya que en esa época aún no existía la definición con disparos desde el punto penal.

España llegó débil a ese segundo encuentro, había sufrido la lesión de siete jugadores, incluyendo a Ricardo Zamora, quien fue lastimado por Monti; todo esto ante un permisivo árbitro con los italianos. Se sabía que la influencia de Mussolini en el arbitraje estaba latente: siempre se iba a favorecer al combinado local. La *Azzurra* derrotó a los españoles por la mínima, con un tanto de Giuseppe Meazza.

"Menos mal que ganamos ese partido. Mejor dicho, ganó Monti", enfatizó Raimundo Orsi. "Les pegó a todos, creo que hasta al seleccionador español. Para colmo, el árbitro no vio nada en el gol de Meazza, que había hecho una falta grande como una casa, y los españoles lo querían matar. Pero eligió bien. Si lo anulaba, lo iban a matar los italianos".

Tras derrotar por la mínima a Austria en las semifinales, gracias a un gol del argentino Enrique Guaita, el combinado italiano estaba a un triunfo de la gloria: los esperaba la poderosa Checoslovaquia en la final, a celebrarse el 10 de junio en Roma.

El equipo checoslovaco, comandado por su arquero František Plánička, resistió todos los embistes y ataques del cuadro italiano, manteniendo un empate sin goles al descanso. Esto, evidentemente, no gustó a Mussolini, quien se encontraba en el estadio. "Era imponente *il capo*. Con las manos en la cintura y voz bien pastosa diciéndonos: 'Queridos muchachos, o ganan o serán pasados por las armas'", relató Monti para *El Imparcial*.

Cuentan que en el entretiempo, un subordinado del Duce, como también era conocido Mussolini, tuvo un contundente mensaje para Vittorio Pozo, entrenador del equipo italiano: "Señor Pozzo, usted es el único responsable del éxito, pero que Dios lo ayude si llega a fracasar".

Una vez reanudado el cotejo, se mantuvo el cero en ambos arcos hasta que Antonín Puč puso a los checoslovacos por delante en el marcador. La tensión en la oncena italiana alcanzó su punto más alto: sabían que sus vidas estaban en juego y la copa pasó a segundo plano.

Luego de múltiples ataques por parte del cuadro italiano, intentando a ras de césped y con balones aéreos, el argentino Raimundo Orsi logró igualar las acciones con un tanto a los 81 minutos. Angelo Schiavio anotó para dar vuelta al resultado en el minuto 95 de la prórroga. Italia era campeona de mundo por primera vez en su historia.

Luis Monti, ahora vistiendo la camiseta azul de Italia, tuvo revancha tras perder la final de 1930 frente a Uruguay, jugando para su país de nacimiento, Argentina. El Doble Ancho sigue siendo el único futbolista en la historia que ha disputado dos finales mundialistas con dos selecciones distintas.

Más allá de sus logros deportivos, Monti jugó dos finales donde, dependiendo del resultado, podía perder la vida. "Si en Uruguay ganaba, me mataban; y si en Italia perdía, me fusilaban. Era mucho para un futbolista", contó Monti.

"Siempre contaba que tuvo que jugar dos finales bajo amenaza, porque antes del partido con Checoslovaquia, entró una persona al vestuario de parte de Mussolini, que le dijo a los jugadores que si no ganaban, iba a haber consecuencias", relató Lorena Monti, nieta de Luis.

De regreso en Partido de Escobar, Buenos Aires, Luis Monti falleció a los 82 años de edad en 1983, dejando un legado importante como uno de los mejores futbolistas a inicios del siglo XX, conquistando títulos en dos continentes y siendo distinguido entre los mejores de su época.

LA COPA DEL DUCE

La primera edición de la Copa del Mundo había quedado atrás; era tiempo de continuar escribiendo la historia en la próxima edición, a celebrarse en 1934.

Los años 30 fueron la década del fascismo en Europa. Italia era el estandarte de esta nueva forma de gobierno y Benito "Il Duce" Mussolini, llevaba a la nación a un territorio inexplorado con su implacable maquinaria propagandística.

El apoyo popular italiano estaba en el fútbol, Mussolini sabía que siendo el deporte de las masas, podía usarlo para ganar el apoyo de la nación. La promoción del Calcio como símbolo patriótico de superioridad, corajudo y atlético.

La oportunidad de organizar la segunda Copa del Mundo estaba sobre la mesa y *Il Duce* no la iba a desaprovechar: albergar un evento de esta magnitud lo ayudaría a cementar el fascismo.

"La atmósfera era completamente diferente en ese entonces, todos vinimos de la juventud fascista, fuimos adoctrinados, nos lavaron el cerebro con una mentalidad", explicó Uber Gradella, arquero de Lazio a finales de los años 30. "No había nada más, el fútbol significaba todo para nosotros. Cuando escuchabas el himno nacional, era algo totalmente distinto, te emocionaba".

En nombre del régimen fascista, Giovanni Mauro, miembro de la Federación Italiana de Fútbol, aseguró que su gobierno cubriría los gastos de cualquier pérdida que se produjera durante el evento, dejando sin opciones a Suecia, la otra candidata para hospedar el magno evento futbolístico.

Mussolini, quien haría todo lo posible para que la copa se quedara en casa, no otorgaría ventaja alguna al resto de las selecciones. En un torneo sin la participación del vigente campeón, Uruguay,

sumado a la ausencia de una potencia como Inglaterra, brindaban a Italia un claro panorama para hacerse del título.

La *Azzurra* contaba con sobresalientes jugadores: Angelo Schiavio, Giuseppe Meazza, Giovanni Ferrari, Gianpiero Combi, entre muchos otros; sin embargo, *Il Duce* sintió la necesidad de reforzar aún más el combinado nacional, incorporando cinco jugadores nacidos en otras naciones: los argentinos Luis Monti, Raimundo Orsi, Enrique Guaita y Attilio Demaria, además del atacante brasileño Anfilogino Guarisi, figura del Lazio en los años 30.

El plan de *Il Duce* para asegurar la conquista de la Copa del Mundo fue meticuloso: involucrarse en cada detalle, las sedes, calendarios; todo era estudiado antes de su ejecución. "No sé cómo hará usted, general, pero Italia debe ganar el Mundial", ordenó Mussolini a Giorgio Vaccaro (presidente del Comité Olímpico Italiano), quien contestó: "Haremos todo lo posible". *Il Duce* insistió: "No me ha comprendido bien. Italia debe ganar este Mundial, ¡es una orden!".

La última pincelada en la "obra" de Mussolini, previo al pitazo inicial, fue lograr que el organismo de arbitraje italiano se encargara de designar a los silbantes de cada partido, esto gracias a una fuerte presión sobre las autoridades y federativos de la FIFA. Los jueces, quienes debían impartir justicia en el campo, habían sido comprados: se convirtieron en títeres del régimen fascista.

En Turín, donde Mussolini sentía su mayor conexión con el fútbol, se construyó el Stadio Olimpico Grande Torino para los Juegos Mundiales de la Juventud de 1933. Para la Copa del Mundo, se cambió el nombre por el de Stadio Benito Mussolini.

Llegaba el gran día, iniciaba la segunda edición de la Copa del Mundo un 27 de mayo de 1934, jugándose ocho partidos en simultáneo, definiendo los octavos de final en una misma jornada. El balón rodó en Roma, Génova, Turín, Nápoles, Trieste, Milán, Florencia y Boloña. Mussolini pretendía demostrar que Italia podía organizar ocho grandes partidos de fútbol a la vez, sin perder el ritmo. Las sedes seleccionadas para albergar el torneo fueron escogidas con el fin de lograr un efecto óptimo.

Mussolini quería ser visto como el "hombre del pueblo", haciendo fila mientras compraba su boleto para la que llamó "Copa del Pueblo". Luego procedía a ocupar su lugar entre los invitados de honor en la "tribuna d'onore", palco donde también se ubicaban otras autoridades importantes.

En Roma, Italia hizo su gran estreno mundialista goleando a Estados Unidos, quien había sido semifinalista en la primera edición del certamen. Angelo Schiavio, ídolo del Bologna, anotó tres goles, sumados a otros tantos de Orsi, Ferrar y Meazza para sentenciar el marcador de 7-1.

Ya en cuartos de final, Italia se enfrentó en Florencia a la peligrosa selección española, que venía de vencer contundentemente a la Brasil de Leônidas. Hubo más patadas que goles en el encuentro. El talismán y capitán español, el arquero Ricardo Zamora, sufrió rotura de dos costillas. La Roja también sufrió otras bajas para el encuentro.

El partido entre italianos y españoles finalizó con empate a uno en el marcador, con goles de Giovanni Ferrari y Luis Regueiro, forzando un juego extra al día siguiente. En esa época no existía la definición por disparos desde el punto penal, como la conocemos hoy en día.

Amadeo García, entrenador español, debió confeccionar un 11 alternativo para el segundo encuentro frente a los italianos, incluyendo a Juan Nogués en el arco, en sustitución del capitán Zamora.

Italianos y españoles volvieron a verse las caras en el Estadio Giovanni Berta de Florencia, donde se empezó a notar la "mano" de Mussolini en las acciones. El árbitro suizo René Mercet ayudó al cuadro italiano, anulando dos goles legales por inexistentes fueras de juego a Regueiro y Quincoces, además de dar como válido el gol definitivo a Giuseppe Meazza, en una acción donde el arquero Nogués recibió una falta.

Tras la paupérrima actuación del silbante, Mercet fue expulsado de la FIFA y la Federación Suiza de Fútbol; sin embargo, esto de nada servía a los españoles: Italia estaba en semifinales.

El próximo rival de la *Azurra* era el potente equipo austríaco, apodado como *Wunderteam*, el equipo maravilla, contando con figuras como Josef Bican y Matthias Sindelar, conocido en aquel entonces como el Mozart del fútbol. El cuadro dirigido por Hugo Meisl se distinguía por su trato de balón a ras de césped, para muchos, el verdadero origen del fútbol total.

Mientras que la intervención de Mussolini funcionaba a la perfección, con el arbitraje fungiendo a su favor, fue designado para las semifinales el joven árbitro sueco Ivan Eklind, de 28 años, quien previo al encuentro estuvo reunido con representantes del régimen fascista.

"Antes de jugar con Italia, Mussolini tuvo una reunión con el árbitro sueco", mencionó el jugador austríaco Josef Bican. "De acuerdo con nuestro entrenador, Hugo Meisl, sabía que el árbitro había sido influenciado y que trabajaría en favor de los italianos".

El estadio San Siro de Milán albergó a 35 000 aficionados para presenciar al encuentro donde Italia, una vez más, doblegó a su rival gracias a ayudas arbitrales. Tras un encuentro donde el combinado local no dejó de dar patadas, Enrique Guaita le dio a la *Azurra* el triunfo por la mínima, gracias a un gol en fuera de lugar.

"El árbitro hasta jugó para ellos", enfatizó Bican. "Cuando pasé el balón al costado derecho, uno de nuestros jugadores, Zischek, corrió hacia él y el árbitro cabeceó el balón de vuelta a los italianos. Fue terrible, increíble".

Italia, ya en la final, sentía la efervescencia de su pueblo que crecía con cada triunfo: estaban a tan solo una victoria de alcanzar el objetivo de ser campeones mundiales, pero antes estaba la selección de Checoslovaquia.

Previo a la final, el mensaje de Mussolini a su equipo fue contundente y amenazante: "Señores, si los checos son correctos, seremos correctos. Pero si nos quieren ganar de prepotentes, el italiano debe dar el golpe y el adversario, caer. Buena suerte para mañana y no se olviden de mi promesa". Cuentan que *Il Duce* también envió un telegrama al entrenador italiano, Vittorio Pozo, que decía: "Vencer o morir".

Luego de su polémica y parcializada actuación en favor de los italianos en semifinales, Mussolini designó nuevamente a Ivan Eklind para dirigir la final. La única vez en la historia de las copas del mundo donde un silbante repite en semifinal y final.

Il Duce, encabezando la delegación, llegó al estadio de Roma siendo ovacionado con gritos fascistas: "¡Bohia-Chi-Molla (traidor el que no lucha)!", o ¡Italia Duce, forza Italia!". Junto a Mussolini estaba el alto mando de su régimen, además de representantes de la Alemania nazi y de la Checoslovaquia comunista. El combinado alemán había ganado el tercer puesto, así que debía quedarse en el país para la premiación posterior.

Los checoslovacos sabían que tenían todo en contra: un poderoso equipo italiano, un estadio repleto y un árbitro totalmente parcializado que, en la ceremonia inicial, levantó su mano derecha junto a su terna, mostrando la seña fascista de Mussolini, quien observaba desde su palco.

Iniciado el encuentro, fueron los visitantes quienes asediaron el arco italiano. Puč, Sobotka y Svoboda dieron trabajo a un Gianpiero Combi que pudo mantener su arco en cero. El meta y capitán checoslovaco, František Plánička, prácticamente no intervino en el primer tiempo, que terminó con empate sin goles.

En el complemento ocurrió lo impensado: Antonín Puč adelantó al cuadro visitante con un gol a los 71 minutos, acercando a Checoslovaquia al campeonato, mientras que se derrumbaba la ilusión italiana, con mucho más que un partido en juego.

Raimundo Orsi logró igualar las acciones en el minuto 81, forzando la prórroga para hacer aún más dramática la final. Durante el tiempo extra, el atacante italiano Angelo Schiavo remató sin fuerza al arco de Plánička, quien cometió un rotundo error, dejando pasar

el balón al fondo de las redes, asegurando así el triunfo italiano frente a su público.

La pifia de un arquero consagrado como Plánička fue sospechosa, posiblemente se haya dejado marcar por la gran tensión que se vivía en el estadio. Todo podía ser fatal en caso de frustrar el capricho de Mussolini, quien además quería ver a Italia campeona a toda costa.

Por su parte, un desilusionado Angelo Schiavo, anotador del gol ganador, entendió que el fallo de Plánička fue intencional y aseguró que no representaría más nunca a su selección, esto debido a las amenazas que recibieron rivales y árbitros.

Misión cumplida: la Italia de *Il Duce* se consagró como campeona del mundo y era momento de celebrar, organizando una rimbombante ceremonia para exhibir el triunfo deportivo.

Entre cantos e interpretaciones de *La Giovinezza*, himno fascista, se entregó al elenco italiano el trofeo Jules Rimet, además de una gigantesca copa especial, ordenada por el mismo Mussolini, recordada como "La Coppa del Duce", seis veces más grande que la Copa del Mundo; hacía falta dos personas para alzarla.

"Una copa de bronce de dimensiones y peso impresionantes", recordaba Jules Rimet, presidente de la FIFA. "La victoria de Italia permitió que aquella pesada obra maestra no tuviese que abandonar Roma, de lo que estuvimos muy satisfechos. A decir verdad, no hubiéramos sabido cómo transportarla...".

Días después de aquella final en Roma, se realizó un encuentro histórico en Venecia: Adolf Hitler y Benito Mussolini se reunían por primera vez, siendo el inicio del Eje, que pondría en marcha los mortales acontecimientos de la Segunda Guerra Mundial.

CAPÍTULO 3

1938 LEÔNIDAS, EL DESCALZO GOLEADOR DEL PANTANO

En la actualidad, Brasil es sinónimo de fútbol. Hablar de la *Canarinha*, los máximos ganadores en la historia de los Mundiales, es recordar un sinfín de figuras, *cracks*, desde Pelé hasta Ronaldo, generaciones de futbolistas que han maravillado al mundo con su magia.

Si bien el combinado sudamericano puede tomarse hoy como la máxima expresión del fútbol, no era así en la década de los 30, cuando la Copa del Mundo aún estaba en pañales.

En 1938, Brasil llegaba a Francia para disputar su tercer Mundial, luego de caer en primera fase durante las dos contiendas anteriores. Aquel equipo dirigido por Adhemar Pimenta tuvo por primera vez una verdadera selección nacional, reuniendo a los mejores jugadores de todo el territorio amazónico.

Aunque no existía gran expectativa de cara al magno evento, había un nombre que brillaba en el fútbol brasileño, llenando estadios y fascinando a los fanáticos de todo el país: El Diamante Negro, el atacante Leônidas Da Silva, figura del Flamengo en aquel entonces, luego de jugar en Vasco da Gama y Botafogo.

Leônidas marcó el único gol brasileño en la segunda edición mundialista y estaba decidido a tomar revancha en Francia, dis-

puesto a brindar su mejor fútbol al servicio de su equipo, un juego lleno de magia, fantasía y gambeta.

Finalmente, el 5 de junio de 1938 llegaba el estreno del cuadro brasileño en la tercera edición de la Copa del Mundo, frente a una selección de Polonia que se reunió solo una semana antes del partido. En aquella época los entrenadores de los equipos no querían que sus mejores jugadores se marcharan antes; la mayoría de los atletas polacos eran *amateurs*, debían trabajar a diario y no podían ausentarse al laburo.

En el estadio de La Meinau, ubicado en Estrasburgo y repleto por 15 000 espectadores, el conocido árbitro sueco Ivan Eklind sonó el silbato para dar inicio a un partido que dejaría una gran memoria en la historia de los Mundiales.

Temprano en el cotejo, Leônidas abrió el marcador al minuto 18, tras recibir el balón en el área y rematar de zurda, rompiendo el arco del arquero Edward Madejski. Cinco minutos más tarde, el polaco Ernst Wilimowski regateó a tres defensores y al portero brasileño Batatais, quien lo derribó para sentenciar un lanzamiento desde el punto penal. El atacante polaco Fryedryk Szerfke remató fuerte de pierna derecha, cruzando el balón a su lado izquierdo para igualar el marcador.

En menos de media hora, Leônidas Da Silva y Ernst Wilimowski habían impregnado su fantasía en el engramado, una pequeña muestra de lo que estaba por venir.

Brasil tomó ventaja de dos goles, con anotaciones que llegaron gracias a un potente testarazo de Romeu a los 25 minutos y un fuerte remate de Perácio, quien golpeó la esférica con la cara externa del botín izquierdo a los 44 minutos.

En el descanso, mientras el entrenador Józef Kałuża exclamaba a sus jugadores polacos tras el marcador adverso de 3-1, empezó a caer una fuerte lluvia, un verdadero torrencial aguacero que en cuestión de minutos convirtió el engramado del estadio de La Meinau en un pantano.

Iniciada la segunda parte, los brasileños no pudieron seguir empleando su fútbol con normalidad, mientras que Polonia supo aprovechar las circunstancias climáticas, de la mano de Wilimowski, quien descontó al minuto 53 picando el balón por encima del meta Batatais e igualando el marcador a tres goles por lado en el minuto 59.

Durante el lento cese de la lluvia, Brasil volvió a tomar las riendas del encuentro y nuevamente se adelantó en el *score*, gracias a otro tanto de Perácio al minuto 71. Cuando faltaba un minuto para finalizar el encuentro y los brasileños defendían su arco como si su vida dependiera de ello, Wilimowski recibió la esférica en el área, en lo que probablemente era la última jugada polaca, para rematar de zurda y marcar su tercer gol del partido, igualando el marcador a 4-4 y forzar la prórroga.

Iniciado el tiempo extra, el campo estaba hecho un lodazal, provocando que el botín de Leônidas se quedara atascado en el lodo, desprendiéndose así la suela del empeine, formando algo que él mismo describió como "una boca de cocodrilo". El artillero brasileño tenía zapatos de talla 36 (un tamaño difícil de encontrar en aquella época). Ante este problema, el héroe brasileño no cedió a la duda y, sin pestañear, se quitó los zapatos e hizo lo que mejor sabía hacer: jugar al fútbol.

Sin que el árbitro se diera cuenta, Leônidas jugó descalzo, como lo hacía cuando era niño en las calles de Río de Janeiro, y anotó su segundo gol del partido para darle la ventaja a Brasil, con marcador parcial de 5-4 a los 93 minutos.

"Se iba a lanzar un tiro libre contra Polonia y yo estaba sin botines", dijo Leônidas en una entrevista con TV Cultura en los años 70. "Estaba lloviendo, el árbitro no se dio cuenta. No teníamos calcetines blancos, en aquella época jugábamos con calcetines negros. Así que, con el barro, el árbitro quizá no se dio cuenta. Me quedé en la jugada, el balón golpeó la barrera, volvió a mí, completé la jugada y marqué el gol".

Brasil estaba cerca de pasar de ronda por primera vez en su historia. Nuevamente Leônidas se encargó de convertir su tercer tanto del partido, dando a su país una cómoda ventaja de dos goles, cuando tan solo restaban 16 minutos, aunque una vez más el polaco Ernst Wilimowski no se daría por vencido.

A dos minutos del final, el fantástico atacante polaco, quien ya sumaba tres anotaciones durante el partido, volvió a mandar el balón al fondo de las redes para ajustar el marcador. Brasil resistió en los minutos finales ante el asedio rival, hasta que finalmente obtuvieron el triunfo por 6-5.

Ese épico encuentro celebrado en Estrasburgo marcó el inicio de lo que sería Brasil en el futuro, gracias a su juego alegre, creativo y ofensivo. Debido a su excelsa y crucial actuación, mostrando total entrega en todo momento, Leônidas Da Silva tomó nuevas dimensiones como figura en su país, convirtiéndose en la primera gran superestrella del fútbol brasileño.

En cuartos de final, Brasil y la finalista del pasado Mundial, Checoslovaquia, empataron a un gol, forzando un juego extra dos días más tarde. En el encuentro definitivo, el cuadro sudamericano se impuso con marcador de 2-1 para clasificar a la semifinal. Leônidas marcó en ambos cotejos, participando en dos de los tres goles anotados de su equipo durante la serie.

Mientras que Italia, los campeones reinantes, esperaban a *Canarinha* en las semifinales, el entrenador Adhemar Pimenta tomó una decisión polémica y cuestionada hasta el día de hoy: daría descanso a su gran estrella, Leônidas, luego del desgaste en los dos partidos frente Checoslovaquia. "Le dejo descansar para la final", afirmó antes del choque contra los italianos el seleccionador brasileño.

En aquella época no había sustituciones, por lo que Leônidas, desde el banquillo, tuvo que ver con impotencia cómo su equipo sucumbía frente a la poderosa Italia de Silvio Piola, dirigida por el ya consagrado Vittorio Pozzo. Gino Colaussi abrió el marcador por la *Azurra* en el minuto 51, mientras que el temible Giuseppe Meazza abultó el marcador a los 60 minutos. Romeu descontó por los brasileños al minuto 87 para poner cifras definitivas de 2-1 en el marcador.

Brasil todavía podía conquistar su primera medalla mundialista y su orgullo estaba en juego frente a Suecia en el partido por el tercer puesto. Una vez más, Leônidas fue protagonista. Guió a Brasil en una épica remontada cuando perdía el encuentro 0-2 a los 38 minutos. El Diamante Negro anotó dos tantos que, sumados a los otros de Romeu y Perácio, dieron a Brasil la victoria 4-2.

Después de que Italia derrotara a Hungría para coronarse como campeona del mundo por segunda vez, muchos se preguntaron qué hubiera sucedido en aquella semifinal, si el astro brasileño hubiese estado en el campo. Leônidas fue elegido mejor jugador de la competencia, luego de marcar siete goles en cuatro encuentros, aunque siempre le quedó la espina de no poder jugar una final de Copa del Mundo.

El plantel regresó a Brasil y fue recibido por masas, todos coreaban el nombre de Leônidas, afianzando su figura como ídolo popular y deportivo del país. Hoy hablamos de innumerables estrellas brasileñas: Ronaldinho, Romário, Zico y muchos otros; sin embargo, el primero fue Leônidas.

NAZIS Y EL PLAN FALLIDO

El fútbol, como el mayor deporte de las grandes masas, siempre tuvo un importante poder de propaganda. Como movimiento popular, el balompié ha tenido una trascendente relación con la política, y en 1934, el dictador fascista Benito Mussolini había sacado el máximo provecho a la Copa del Mundo, organizada y ganada por su nación, Italia.

En un ambiente lleno de tensión previo a la Segunda Guerra Mundial, se acercaba la tercera edición de la Copa del Mundo, a disputarse en Francia. Los líderes fascistas de Alemania e Italia tenían la intención de que sus equipos ganasen el trofeo, como

estrategia propagandística y para enviar un mensaje sobre la superioridad atlética de sus razas.

Adolf Hitler, el líder nazi, había fallado en su plan de dominar los Juegos Olímpicos de Berlín en 1936. El Führer quería usar el evento como una vitrina para demostrar la supremacía de la raza aria y ocurrió lo contrario, siendo el estadounidense Jesse Owens, de piel morena, quien acaparó todos los focos, ganando cuatro preseas doradas en atletismo.

En cuanto a fútbol, Alemania no pudo superar los cuartos de final, cayendo 2-0 frente a Noruega en Berlín. Hitler sabía que en la venidera Copa del Mundo tendría que aplicar alguna medida drástica para potenciar al equipo alemán.

Meses antes de la Copa del Mundo, el ejército alemán tomó Austria y Hitler ofreció un discurso en Viena, declarando que a partir de ese momento el país pertenecía al Imperio alemán, en un movimiento conocido como *Anschluss*, que significa unión y, en un contexto político, anexión.

La independencia de Austria era cosa del pasado, por lo tanto, la Asociación Austriaca de Fútbol perdió su soberanía y fue absorbida por las autoridades deportivas alemanas. Con el Mundial de 1938 a la vuelta de la esquina, la selección austríaca tuvo que abandonar la competición, dejando un total de 15 equipos participantes, en vez de 16.

En abril del mismo año, Alemania y Austria se enfrentaron en un partido amistoso, realizado en el estadio Prater de Viena, para celebrar la anexión de ambos países. Se esperaba que el encuentro, con tintes de exhibición, terminara en un armónico empate a cero; no obstante, los austríacos tenían otros planes.

Frente a las autoridades nazis, la superestrella austríaca Matthias Sindelar mostró un gran gesto de rebeldía y rechazo al Imperio alemán. El hombre de papel, como también era conocido por su agilidad en la cancha, anotó un gol y posteriormente bailó en el centro del campo frente a la élite nazi.

Más adelante y ante una atónita grada con más de 60 000 personas, el austríaco Schasti Sesta marcó un gran gol de tiro libre para sentenciar el partido y arruinar la fiesta de los alemanes. Austria derrotaba a Alemania con marcador de 2-0.

Austria, también conocida como *Wunderteam* (equipo maravilla), era una potencia futbolística en la década de los 30. En la Copa del Mundo de 1934, de la mano de Josef Bican y Matthias Sindelar, alcanzaron las semifinales, siendo eliminados frente al cuadro local, Italia, en un partido polémico, gracias a las parcializadas decisiones del árbitro que, entre muchas decisiones mal intencionadas, dio como válido el gol de Enrique Guaita en fuera de juego para sellar el triunfo italiano.

Las autoridades sabían que, si sumaban a su equipo el talento austríaco (que ya había estado cerca de conquistar el Mundial), tenían grandes posibilidades de ganarlo.

Hans von Tschammer, líder deportivo nazi, reconocía la superioridad austríaca en el balompié: "El arte del fútbol vienés y la escuela de fútbol vienesa son únicos en el mundo, y seríamos tontos si lo destruyéramos".

La dirección nazi tomó la determinación de incluir a varios jugadores austríacos en el equipo alemán que iba a disputar la Copa del Mundo de 1938. Hasta nueve futbolistas de Austria formaron parte del plantel alemán: Wilhelm Hahnemann, Hans Mock, Leopold Neumer, Hans Pesser, Rudolf Raftl, Willibald Schmaus, Stefan Skoumal, Josef Stroh y Franz Wagner.

El delantero estrella y uno de los mejores del mundo, Matthias Sindelar, rechazó la petición de unirse al equipo alemán, alegando que estaba lesionado y viejo a sus 35 años. Luego de su gesto rebelde y rechazo hacia los nazis en aquel amistoso celebrado en Viena, estaba claro que Sindelar no apoyaría una medida de este tipo.

A pocas semanas del Mundial, las autoridades alemanas sentían que la mencionada directriz política les otorgaría grandes aspiraciones de ganar el magno evento, sin tomar en cuenta que esto iba a generar resentimiento y tensión entre jugadores en el vestuario.

El cuatro de junio de 1938 se dio el puntapié inicial en la Copa del Mundo, en un partido donde Alemania se enfrentó a Suiza en el Parque de los Príncipes de París, frente a poco menos de 30 000 aficionados.

Luego de mostrar un buen fútbol, moviendo el balón a lo largo y ancho del campo, el equipo alemán se puso por delante en el marcador en el minuto 29, luego de que Josef "Jupp" Gauchel recibiera el balón al borde del área rival y rematara fuerte al primer poste con pierna derecha. Suiza consiguió el empate al minuto 43, gracias a André Abegglen, quien marcó de cabeza.

Alemanes y suizos debían enfrentarse nuevamente en un *replay*, para definir el clasificado a los cuartos de final.

El Parque de los Príncipes volvió a albergar el partido, esta vez, frente a una importante multitud francesa que lanzaba botellas como protesta antifascista, en rechazo a un régimen nazi que ya amenazaba con una posible guerra.

Alemania adelantó el marcador temprano en el partido, gracias a un tanto del austríaco Wilhelm Hahnemann y un autogol de Ernst Lörtscher. Eugen Walaschek descontó por los suizos al minuto 42 para irse al descanso con marcador de 2-1.

En la segunda parte, el equipo alemán redujo la intensidad y su fútbol no era el mismo, daba la impresión de que Hahnemann, Neumer, Skoumal y Stroh, futbolistas austríacos en la oncena alemana, no estaban mostrando su mejor juego, mismo que deleitó al continente en años anteriores.

Alfred Bickel igualó el marcador a dos goles en el minuto 64 y, posteriormente, André Abegglen firmó un doblete en los minutos 75 y 78, para dar el triunfo a los suizos en una heroica actuación. La selección alemana, que llegó a Francia con la ambición de ser campeona, se fue eliminada en la primera ronda.

El seleccionador alemán, Sepp Herberger, enojado y furioso, culpó del revés a sus jugadores austriacos. Durante 80 años, esta fue la peor participación mundialista alemana, hasta que en Rusia 2018, *Die Mannschaft* quedó eliminada en primera fase.

En enero de 1939, Matthias Sindelar, quien humilló a los nazis en aquel encuentro de exhibición frente Austria, y que además se negó a jugar para Alemania en el Mundial, fue encontrado muerto en Viena junto a su novia Camilla Castagnola, por envenenamiento con monóxido de carbono.

Aunque no existe versión oficial, se cree que el ariete austríaco fue asesinado por la policía secreta alemana. Curiosamente, la investigación policial fue cancelada a la fuerza por los nazis al cabo de unos meses, y los archivos sobre el caso desaparecieron poco después.

IL SECONDO TITOLO MONDIALE

El éxito de la *Azzurri* en 1934, tras conquistar su primera Copa del Mundo, y el oro en los Juegos Olímpicos de Berlín en 1936, no eran suficientes para el líder fascista Benito Mussolini. La función debía continuar y el gran objetivo era repetir como campeones mundiales para, una vez más, demostrar la superioridad atlética del "nuevo italiano".

Vittorio Pozzo sería nuevamente el entrenador que, con sus avanzadas tácticas, mostraría el camino a su equipo para ganar el Mundial de 1938 en suelo francés. Aunque Italia ya no contaría con algunas figuras importantes de 1934, como el capitán Gianpiero Combi, además de Luis Monti, Angelo Schiavo y Raimundo Orsi; Pozzo tendría a disposición nuevas caras que se sumaron a los ya establecidos Giuseppe Meazza y Giovanni Ferrari.

Mussolini y sus autoridades querían demostrar que la conquista de 1934 en Roma no se dio gracias a ayudas arbitrales o influencias externas al juego. Ganar por vez consecutiva la Copa del Mundo sería cementar a Italia como la mejor selección del planeta, sin discusión.

El elenco italiano llegó a Francia en medio de un tenso contexto político, donde las protestas antifascistas eran comunes. Según el centrocampista italiano Ugo Locatelli, la *Azzurri* arribó a Marsella, donde unos 3000 manifestantes, entre franceses e italianos exiliados, tuvieron que ser contenidos por la policía montada.

Tras perder nombres relevantes, artífices de la conquista en 1934, el entrenador Vittorio Pozzo decidió otorgar protagonismo a dos nuevas figuras: el joven Pietro Rava de 22 años, figura de la Juventus y zaguero de la conquista Olímpica de 1936 en Berlín, y Silvio Piola de 24 años, prolífico artillero de la Lazio.

Italia hizo su estreno en el Mundial de 1938 frente a Noruega en los octavos de final, frente a unos 19 000 fanáticos que asistieron al estadio Vélodrome de Marsella. El rechazo de la grada con los italianos fue notorio desde el inicio; la situación política no era ajena al partido de fútbol.

"Un fondo de polémica política. Injustamente", explicó Vittorio Pozzo. "Porque a nuestros jugadores nunca se les ocurrió hacer algo político. Representaban a su país y naturalmente llevaban sus colores y su simbología".

El himno del fascismo, *Giovinezza* (juventud), también sonó cuando la *Azzurri* entró en el estadio, pero fue el saludo romano de Italia lo que más enfureció a la multitud, especialmente cuando Pozzo ordenó su repetición.

A 120 segundos de iniciado el encuentro, Pietro Ferraris empujó el balón al arco para darle la ventaja parcial a Italia. El marcador se mantuvo durante la segunda parte, hasta que el noruego Arne Brustad logró empatar el partido a los 83 minutos. Para sorpresa de los italianos, quienes eran amplios favoritos, debía jugarse la prórroga.

Aunque no mostró su mejor juego, Italia logró llevarse el triunfo gracias a un gol de Silvio Piola al minuto 94, quien aprovechó un mal rechace del meta noruego Henry Johansen para mandar el esférico al fondo de las redes. La *Azzurri* sellaba su pase a los cuartos de final.

El equipo de Vittorio Pozzo fue duramente criticado pese al triunfo, pues se esperaba una mejor versión de Italia, la vigente campeona del mundo, que además contaba con un gran equipo. "Vittoria ma non basta" (victoria pero no suficiente), resumió la decepción general de la prensa italiana.

Si las protestas y hostilidad de la afición habían condicionado el fútbol frente Noruega en octavos, la situación se tornaría aún más tensa: Italia se enfrentaría a Francia, el combinado local, en los cuartos de final.

Llegaba el día del partido celebrado en Colombes y, como era de esperarse, el ambiente fue extremadamente hostil para los italianos, solo que esta vez eran más de 55 000 aficionados en el recinto, creando una auténtica caldera.

Ambas selecciones usaban el tradicional color azul, así que se sorteó quién debía usar su segundo uniforme. Italia perdió el sorteo y, en lugar de utilizar el color blanco, se enfundaron camisetas negras, por orden de Benito Mussolini.

Il Duce, como también era conocido Mussolini, aún resentido por el rechazo recibido en Marsella, quiso responder a los franceses y la "maglia nera" (camiseta negra) fue una forma de hacerlo. El color sin matiz, que además era símbolo de los paramilitares fascistas italianos, sumado al escudo *Fascio Littorio* en el pecho de la equipación, fue un gesto directo a los manifestantes antifascistas, a quienes no les causó ninguna gracia.

Sonó el silbato del árbitro belga Louis Baert e Italia no tardó en adelantarse en el marcador, gracias a un tanto de Gino Colaussi, rematando débilmente al primer poste, batiendo al portero francés Laurent Di Lorto, quien cometió un error al no poder contener el balón aéreo.

Los galos no decayeron a pesar del tanto recibido e inmediatamente empataron el partido, por medio del centrocampista Oscar Heisserer en el minuto 10, quien con un fuerte disparo de derecha al segundo poste devolvió las aspiraciones al combinado local, que soñaba con eliminar a los vigentes campeones.

En la segunda parte, los franceses dieron trabajo al portero italiano Aldo Olivieri, quien se mantuvo seguro en sus esfuerzos. A los 52 minutos, Amedeo Biavati lanzó un centro desde la línea final y Silvio Piola cambió la dirección del esférico con su cabeza, anotando el gol de la ventaja para la *Azzurri*.

La intensidad de la grada contagiaba el partido y el combinado francés, con Jean Nicolas como punta de lanza, intentó empatar el encuentro; no obstante, reapareció la letal combinación del segundo gol italiano. Tras un toque de Meazza, Biavati recibió el balón en el centro del campo y lanzó un preciso pase largo a Piola, quien remató rastrero de pierna derecha al segundo poste, para poner cifras definitivas de 3-1 a favor de Italia.

Ya en semifinales y con Silvio Piola en plano estelar, la escuadra *azzurra* se enfrentaba a Brasil, en el Vélodrome de Marsella, mismo recinto donde disputaron su primer encuentro.

Para sorpresa de todos, el entrenador Adhemar Pimenta decidió descansar a su estrella Leônidas Da Silva, ya que Brasil había disputado una prórroga en octavos de final y un segundo partido frente Checoslovaquia en cuartos. Leônidas había marcado cinco goles en tres encuentros: El Diamante Negro era por lejos el mejor jugador brasileño.

Tras una primera parte sin goles, Gino Colaussi abrió el marcador para los italianos al minuto 51. Minutos más tarde, el capitán Giuseppe Meazza iba a cobrar un penal cuando el elástico que sujetaba su pantalón se rompió. Peppino se sujetó el pantalón con la mano izquierda mientras marcaba, para dar a Italia una ventaja de 2-0. Romeu descontó para los brasileños al minuto 87.

Italia estaba a un solo triunfo de proclamarse como la primera nación bicampeona del mundo. El equipo liderado por Silvio Piola debía vencer a la fuerte Hungría en la final, distinguida por el liderazgo de su capitán György Sárosi y los goles del atacante extremo Gyula Zsengellér.

Previo al choque definitorio, *Il Duce* se aseguró de que sus jugadores, una vez más, entendieran la magnitud del encuentro y lo que significaba para el país. Cuentan que se envió un telegrama al equipo que decía "Vincere o moriré!", traducido al español, significa "¡Ganar o morir!". El mensaje se tomó de forma literal, considerando que Mussolini era conocido por purgar y "borrar" a las personas que iban en su contra o rechazaban su movimiento ideológico.

No es de extrañar que no quedaran rastros del telegrama entre los despachos del gobierno en el extranjero, y tampoco Pietro Rava, en entrevista con *The Guardian*, afirmó tal suceso: "No, no, no, eso no es cierto. Envió un telegrama deseándonos lo mejor, pero no ganar o morir".

La final se disputó en el Estadio Olímpico de Colombes, ubicado a poco más de diez kilómetros del centro de París. La grada local, repleta por 45 000 espectadores, estaba a favor del equipo húngaro, una vez más, mostrando su rechazo y descontento con los italianos.

Luego del sorteo entre los capitanes Meazza y Sárosi, ante la atenta mirada del árbitro francés Georges Capdeville en el centro del campo, y un amistoso apretón de manos, todo estaba listo para dar inicio a la tercera final de la Copa del Mundo.

Italia se adelantó rápido en el *score*, a los 6 minutos, Amedeo Biavati volvió a mostrar su excepcional visión de juego, lanzando un largo pase aéreo desde la derecha, para habilitar a Gino Colaussi, quien remató de primera intención con su pierna izquierda. La respuesta húngara fue inmediata, dos minutos después del gol italiano, apareció Pál Titkos con un fuerte disparo de zurda para igualar el marcador a uno.

A partir del primer cuarto de hora del encuentro, el combinado italiano desplegó su mejor fútbol, moviendo el balón a placer, desordenando a una defensa húngara que nada pudo hacer para contener a sus rivales. "En esos 20 minutos de juego espectacular, olvidaron sus prejuicios políticos y étnicos", afirmó Pietro Rava años después.

En una jugada que inició en el costado izquierdo, la *Azzurra* combinó cinco pases en el área rival. Giuseppe Meazza ejecutó un hermoso recorte para luego habilitar al letal Silvio Piola, quien detuvo el balón en el punto penal y remató de derecha para darle nuevamente la ventaja a su equipo. En el minuto 35, Gino Colaussi volvió a perforar las redes custodiadas por el meta Antal Szabó, para incrementar la ventaja italiana en el marcador de 3-1.

Finalizada la primera parte, los dirigidos por Vittorio Pozzo estaban cerca de la hazaña: ganar nuevamente la Copa del Mundo. En la segunda mitad, el capitán György Sárosi superó la defensa italiana y descontó para los húngaros en el minuto 70, quienes siguieron intentando igualar las acciones. Tras múltiples ataques de Hungría, los defensores Alfredo Foni y Pietro Rava se afianzaron, impidiendo cualquier situación de peligro.

Faltando nueve minutos para el final, Amedeo Biavati volvió a mostrar su clarividencia con el balón en los pies, asistiendo dentro del área a Silvio Piola, quien anotó el cuarto gol italiano y puso cifras definitivas al encuentro final. Italia se coronaba como campeona del mundo por segunda vez y lo hizo de forma consecutiva.

A diferencia de la polémica conquista mundialista de 1934, donde las ayudas arbitrales tomaron protagonismo, los húngaros, rivales de la *Azzurra* en la final, reconocieron que sus oponentes habían sido superiores en el campo. Su capitán Sárosi, dándole la mano a Meazza, le susurró en perfecto italiano: "La victoria ha sido sin duda para los mejores".

El arquero húngaro, Antal Szabó, estaba al tanto de la tensión que se vivía en la delegación italiana, por lo que sintió un gran alivio al finalizar el encuentro, a pesar de haber recibido cuatro tantos. "Puede que haya dejado pasar cuatro goles, pero al menos les he salvado la vida".

Cada miembro del seleccionado italiano fue recompensado con una prima de 8000 liras (unos tres meses de salario) y una medalla de oro fascista, que fue entregada por Mussolini en el Palazzo Venezia, durante una especial recepción para exhibir el gran triunfo.

La mente maestra de la conquista italiana fue su entrenador Vittorio Pozzo, el único en ganar dos campeonatos mundiales en la historia. El nacido en Turín logró engranar un equipo totalmente distinto a aquel campeón de 1934, imponiendo sus tácticas y formaciones según el rival de turno. En una época donde predominaba el esquema 2-3-5, *Il Vecchio Maestro* instauró el sistema 2-3-2-3, dando protagonismo a la posición de centrocampista defensivo. Lamentablemente, el legado de Pozzo, como uno de los mejores estrategas de todos los tiempos, se vio manchado por su relación con el régimen fascista de Mussolini.

Il Duce pretendía lograr la obtención del tercer Mundial consecutivo para Italia en 1942; no obstante, el mundo estaba por sufrir la mayor contienda bélica de la historia, la Segunda Guerra Mundial. La Copa del Mundo se detuvo por 12 años.

Tras la liberación de Italia en 1945, Vittorio Pozzo cambió su postura, haciendo la transición desde la dictadura a la república democrática. Se mantuvo como seleccionador italiano hasta 1948, retirándose como entrenador ganador de los Juegos Olímpicos de 1936, dos Mundiales de la FIFA (1934, 1938) y dos campeonatos centroeuropeos.

LA BATALLA DE BORDEAUX

En la mayoría de los casos, habitan en nuestros recuerdos aquellos partidos de fútbol llenos de magia, donde la esférica es protagonista y lo irreal se convierte en tangible; no obstante, también han dejado una huella aquellos encuentros violentos, donde la agresividad está más presente que el mismo resultado.

El 12 de junio de 1938 se enfrentaban Brasil y Checoslovaquia en los cuartos de final de la Copa del Mundo. En la previa, un partidazo. Brasil, aún desarrollando su mejor fútbol, contaba con algunas de sus primeras figuras internacionales, Leônidas da Silva y Domingos da Guia los más notables. A su vez, los checoslovacos, liderados por su capitán y arquero František Plánička, venían de

jugar la final del pasado Mundial y no mostraban síntomas de decadencia en su buen juego.

En medio de sonrisas, se dio el apretón de manos entre los capitanes Martim y Plánička antes de dar inicio al cotejo, que además serviría para inaugurar el nuevo Stade du Parc Lescure de Bordeaux. Poco más de 22 000 aficionados estaban dispuestos a disfrutar de un gran espectáculo entre dos de los mejores equipos del torneo.

Sonó el silbato del árbitro húngaro Pál von Hertzka e iniciaron las acciones en Bordeaux, sin problemas durante los minutos iniciales, aunque todo estaba por cambiar. El brasileño Zezé Procópio fue expulsado a los 14 minutos tras propinar una fuerte entrada a Oldřich Nejedlý, desencadenando un violento encuentro, recordado como uno de los más brutales en la historia de los Mundiales.

A pesar de tener un hombre menos, Brasil logró contener a los checoslovacos en un partido donde reinaban las patadas. Entre tanto caos, apareció la magia de un *crack* en el minuto 30, Leónidas da Silva, con un gesto técnico y atlético nunca antes visto en el fútbol europeo: el tiro de bicicleta o chilena, suspendiéndose en el aire, de espaldas al arco, dejando caer su cuerpo de forma horizontal y ejecutando un rápido "pedaleo" para empalmar el balón y enviarlo al fondo del arco.

Antes de finalizar el primer tiempo, Arthur Machado y Jan Říha también se fueron expulsados, dejando a Brasil con nueve elementos en la cancha y a Checoslovaquia con 10.

Los entrenadores Adhemar Pimenta y Josef Meissner pedían calma a sus jugadores para afrontar la segunda porción del encuentro. Brasil estaba ganando a pesar de tener un hombre menos, mientras que Checoslovaquia debía aprovechar su superioridad numérica en el campo para revertir el marcador adverso.

Iniciado el segundo tiempo, el partido no cambió y las fuertes agresiones físicas se mantuvieron latentes. Los checoslovacos iban a conseguir el tan anhelado empate, gracias a una mano brasileña dentro de su área, que significó un penal a favor de Checoslovaquia. Nejedlý remató con potencia utilizando su pierna izquierda, un tiro rastrero al segundo poste, batiendo a Walter para igualar las acciones.

Cuando el elenco europeo vivía sus mejores momentos y se acercaba a su segundo tanto, Nejedlý se rompió la pierna tras una aparatosa barrida brasileña, teniendo que abandonar el campo, dejando a ambos equipos con nueve jugadores en el engramado. En aquella época no existían las sustituciones como hoy las conocemos.

En Bordeaux se estaba librando una guerra, el engramado era un verdadero campo de batalla. Se recuerda al férreo defensor brasileño Domingos da Guia, jugando con un vendaje blanco que cubría su cabeza. Al árbitro Pál von Hertzka se le había ido el encuentro de las manos y no había vuelta atrás: las duras entradas se mantuvieron hasta el final.

El mítico arquero Plánička se rompió uno de sus brazos, pero con coraje y dando el ejemplo como capitán, se mantuvo bajo el arco de su equipo hasta el fin del encuentro, en lo que fue su última presentación internacional, luego de 73 apariciones con Checoslovaquia, un récord para el momento.

Los 30 minutos de la prórroga tuvieron más leñazos que fútbol, viendo a Josef Košťálek retirarse por un golpe en el estómago. Los brasileños Leônidas y Perácio también abandonaron el campo lastimados. El encuentro terminó con empate a un gol por lado.

Fue la primera vez que tres jugadores fueron expulsados en un partido de la Copa del Mundo, una marca que fue igualada en la Batalla de Berna (1954) entre Hungría y Brasil, y superada en 2006, cuando se enfrentaron Portugal y Holanda, con cuatro expulsiones.

Las acciones se reanudaron dos días después en un partido extra o *replay*, celebrado en el mismo estadio de Bordeaux, esta vez, dirigido por Georges Capdeville, un buen árbitro que luego sería designado para impartir justicia en la final.

Ambos equipos tuvieron que hacer grandes cambios en sus alineaciones, a razón de múltiples lesiones generadas en el primer

partido. Brasil incorporó a nueve jugadores nuevos, mientras que Checoslovaquia tuvo que introducir seis.

Martim Silveira, capitán brasileño, no pudo ver acción. Afortunadamente, Leônidas da Silva pudo recuperarse para llegar con lo justo, liderando al cuadro sudamericano. František Plánička, quien se había roto el brazo en el primer encuentro, tampoco fue a la partida, permitiendo el ingreso a Karel Burkert en el arco checoslovaco.

Una vez empezado el partido, Checoslovaquia se adelantó en el marcador en el minuto 25, gracias a un tanto de Vlastimil Kopecký, encendiendo al equipo brasileño, que no tardó en reaccionar. Leônidas sacó un potente disparo con su pierna derecha para batir al portero Burkert a los 57 minutos, mientras que Roberto logró empalmar un centro con su cabeza en el minuto 62, para convertir el segundo tanto brasileño y sentenciar el triunfo de su equipo.

Diezmada luego de dos encuentros donde las agresiones tomaron papel protagónico, la selección brasileña cayó frente a Italia en las semifinales.

CAPÍTULO 4

1950 DAVID VS. GOLIATH: EL MILAGRO DE BELO HORIZONTE

Por más irónico que suene, los ingleses, creadores del fútbol como lo conocemos, no participaron en las tres primeras ediciones de la Copa del Mundo, esto tras retirarse de la FIFA en 1928, por considerar a su federación, The Football Association (The FA), el máximo organismo futbolístico en el mundo.

Inglaterra quería mantener su imagen de superpotencia mundial y no tenía intención de arriesgar su reputación de ninguna manera. Perder un partido de fútbol era impensado y, tras muchas discusiones, la FA inglesa declinó la posibilidad de que su selección participase en un Mundial.

Luego de muchas críticas por parte de los medios de comunicación ingleses, la FA decidió finalmente permitir la participación de Inglaterra en una Copa del Mundo, la de 1950, a celebrarse en Brasil. Los reyes del fútbol, con imponentes figuras como Stanley Matthews y Billy Wright, se estrenarían en la primera experiencia mundialista inglesa.

El equipo de Los tres leones era considerado como amplio favorito para regresar de Sudamérica con el trofeo Jules Rimet en sus manos. Inglaterra contaba con un campeonato de Primera División desde 1988, además de equipos consagrados, figuras internacio-

nales y un palmarés envidiable para la época, todo apuntaba a que serían campeones.

En el engramado del estadio Maracanã, Inglaterra hizo su esperado debut mundialista frente a la selección del Chile, el 25 de junio de 1950. Los dirigidos bajo el mítico entrenador Walter Winterbottom consiguieron el triunfo sin problemas, gracias a tantos de Stan Mortensen y Wilf Mannion, sentenciando el 2-0 final.

La clasificación a la segunda fase estaba prácticamente hecha. Inglaterra se enfrentaba a los Estados Unidos en la segunda fecha, un equipo considerado como el más débil del grupo. Un triunfo inglés se daba por hecho; sin embargo, como cosas del fútbol, todo podía suceder.

El seleccionado norteamericano, disputando su tercera Copa del Mundo, sentía que haber complicado a la España de Telmo Zarra en la primera fecha, ya significaba haber hecho un digno papel en el torneo.

"Todavía nos sentíamos muy bien, porque habíamos dado un buen susto a España, y luego teníamos otros dos días y medio para jugar contra Inglaterra", explicó el zaguero Harry Keough en una entrevista a FIFA años después. "Pensábamos que podíamos darles batalla".

El equipo estadounidense, dirigido por Bill Jeffrey, contaba con un escocés cedido gratuitamente por el Wrexham, un delantero centro haitiano, un lateral izquierdo belga, un polaco que había jugado en el Dinamo de Moscú y un receptor de béisbol en la portería. Aunque organizados y valerosos, el astro inglés Tom Finney calculó que a los norteamericanos les costaría vencer a un equipo de Tercera División.

La victoria inglesa frente a los Estados Unidos nunca estuvo en duda, la verdadera pregunta era por cuántos goles iba a ganar el combinado de los tres leones. Ante tal seguridad de que se iba a triunfar, Stanley Matthews fue conservado en la banca y en aquella época no había sustituciones. La estrella del Blackpool no sería de la partida; de todas formas, no iba a hacer falta.

Los medios ingleses hacían eco del futuro triunfo: "Sería justo dar a Estados Unidos tres goles de ventaja", reseñaba *The Daily Express*.

Llegaba el día del partido en el Estádio Independência de Belo Horizonte, con poco más de diez mil personas listas para presenciar lo que sería un auténtico festín inglés. Una vez iniciado el encuentro, daba la sensación de que era cuestión de tiempo para que cayera el primer gol británico.

El dominio europeo se hacía cada vez más notorio entre múltiples disparos al arco, goles anulados, remates al poste, despejes en la línea de gol y grandes atajadas del arquero estadounidense Frank Borghi.

"A medida que avanzaba el partido, por supuesto que dominaron el juego por completo", explicó Harry Keough, defensor estadounidense. "Si tuviera que hablar en términos de porcentaje, en todo el partido, ellos dominaron tal vez en un 85 o 90 por ciento, porque ciertamente eran mejores jugadores que nosotros".

Una vez superada la tormenta, Estados Unidos tuvo su momento milagroso en Brasil: en el minuto 38, el atacante de origen haitiano, Joe Gaetjens, logró desviar un remate de Walter Bahr con su cabeza, descolocando al arquero inglés Bert Williams y dando la ventaja parcial a su equipo.

"Joe Gaetjens se zambulle con la cabeza y justo él no golpea el balón en la esquina, el balón simplemente le golpea y, probablemente, no puedes seguirlo con los ojos tan rápido, pero le dio en la cabeza y luego cambió un poco la dirección y velocidad", relató Keough sobre aquel gol que no fue filmado en video. "El portero estaba en el suelo, el balón estaba detrás de él en el arco. Nadie sabía a dónde había ido el balón hasta que lo vieron rebotar en la red".

Los fanáticos brasileños presentes en el estadio de Belo Horizonte enloquecieron, no podían creer lo que estaba ocurriendo. Aquel equipo descrito como ovejas por ser sacrificadas, estaba venciendo a la gran potencia inglesa.

"Cuando se marcó ese gol, lo pude ver bastante bien, yo estaba en el centro del campo y Joe Gaetjens era el delantero centro", contó el atacante norteamericano Gino Pariani a *ABC* años después. "Él estaba diez o 12 yardas frente a mí cuando se lanzó por ese balón".

Con siete minutos por disputarse en la primera parte, Estados Unidos logró contener a los ingleses para irse ganando al descanso.

"Íbamos a aguantar con lo que fuera hasta el descanso", recontó Keough. "Los ingleses se enfadaron un poco por eso y empezaron a presionar. Nadie en nuestro equipo soñaba en el descanso que íbamos a ganar el partido, con ese uno a cero".

En el entretiempo, el entrenador británico Winterbottom pidió tranquilidad a los suyos, estaba seguro de que el balón finalmente iba a entrar y que los goles, que habían sido esquivos, finalmente llegarían.

Iniciada la segunda parte, Inglaterra salió con vehemencia a buscar el empate, frente a un cuadro norteamericano que se defendió con todo. Frank Borghi, bajo los tres palos, quien había tenido una primera parte brillante, siguió creciéndose en el encuentro, viviendo su noche soñada.

Inglaterra estuvo cerca del empate. Stan Mortensen logró superar rivales y ya solo quedaba el arquero Borghi frente a él, pero no contaba con que el centrocampista norteamericano, Charlie Colombo, haría lo que fuera para detenerlo. Logró alcanzarlo y se lanzó de cabeza, atrapando a Mortensen con sus brazos, a la altura de sus rodillas. Debido al envión y la velocidad con la que iban, ambos cayeron al suelo y rodaron unos cinco metros.

Durante los minutos finales, el equipo inglés, ansioso e impotente, no pudo vulnerar al equipo norteamericano, cuya confianza estaba en lo más alto. Cumplido el tiempo reglamentario, el árbitro Generoso Dattilo realizó el silbatazo final, lo que significó el histórico triunfo de los Estados Unidos sobre Inglaterra.

La estrella inglesa, Stanley Matthews, quien tuvo que ver el partido desde las gradas, mostró su descontento, pues nada pudo hacer: "De muy mala gana dejé mi asiento y me dirigí al vestuario de Inglaterra. No me gustaría describir lo que me encontré allí. Fue un desastre. Si hubiéramos jugado durante 24 horas, no habríamos marcado. Fue uno de esos días".

"Ellos (Estados Unidos) estaban probablemente más sorprendidos que los ingleses", señaló el zaguero norteamericano Harry Keough. "Sin duda, fue un esfuerzo de equipo el que venció a Inglaterra, porque fueron mucho mejores que nosotros, pero fue un día que no ocurre muy a menudo".

Billy Wright, capitán inglés de aquel momento, reconoció el buen trabajo del equipo norteamericano; no obstante, asegura que la falta de eficacia inglesa de cara al arco terminó siendo un condicionante en el resultado.

"No teníamos excusas para nuestra derrota; aunque el terreno de juego era malo, era lo mismo para los estadounidenses que para nosotros", explicó Wright. "Hay que reconocer que el equipo de Estados Unidos jugó bien. Sigo sosteniendo que si nuestros delanteros hubieran aprovechado solo la mitad de sus ocasiones de gol, ganábamos el partido".

Uno de los héroes de aquella gesta, Frank Borghi, rememoró años después aquel momento donde se produjo el triunfo. "Cuando ganamos el partido, los aficionados brasileños saltaron al campo y corrieron detrás de mí, de John Souza y de Joe Gaetjens. Me subieron a sus hombros".

Cuando los informes fueron enviados por cable a Gran Bretaña, la mayoría de los periódicos pensaron que había un error de imprenta y que el resultado debía ser 1-10 para Inglaterra, no 1-0. El periódico *The Daily Express* fue contundente en su reseña: "Los jugadores de fútbol de Estados Unidos, quien ha oído hablar de ellos, han ganado hoy a Inglaterra por 1-0 en la serie de la Copa del Mundo. Es el resultado más bajo de la historia del deporte británico".

En los Estados Unidos, el *New York Times* desestimó los informes por cable como una broma; no podían creer el resultado.

En el definitorio tercer partido de la primera fase, Inglaterra cayó frente a España, gracias a un gol de Telmo Zarra. Los reyes del fútbol, quienes en sus inicios miraban la Copa del Mundo con arrogancia, se iban a casa en primera ronda: su estreno mundialista fue un desastre.

Tom Finney, leyenda del Preston North End, pudo comprobar gracias al nuevo roce internacional, que el fútbol había cambiado. "Nos dio una idea de lo buenos que eran los del continente americano. Eran jugadores muy hábiles y era obvio que entonces tenías pocas o ninguna posibilidad de jugar contra esos equipos. No éramos en absoluto los mejores del mundo. Eso no era cierto en absoluto. La única razón por la que probablemente pensabas eso, era porque nunca habías jugado contra esos equipos; nunca habías visto nada de ellos porque estaban muy lejos".

El encuentro entre Estados Unidos e Inglaterra de 1950, apodado como "El milagro de Belo Horizonte", simboliza una de las primeras batallas mundialistas donde David, con todo en contra, derrotó a un gigante como Goliath. La gran potencia inglesa recibió su golpe de humildad, tras creerse campeones antes de iniciar el torneo, menospreciando por décadas al resto de los países.

En Estados Unidos, la victoria es recordada como histórica, siendo motivo de diversos homenajes, donde destaca el filme *El juego de sus vidas*, dirigido por David Anspaugh y estrenado en 2005. Aquel tanto de Joe Gaetjens y las milagrosas atajadas de Frank Borghi son de los momentos más importantes del fútbol norteamericano.

Estados Unidos e Inglaterra no volvieron a enfrentarse en un Mundial hasta 2010, cuando empataron 1-1 en fase de grupos.

EL MARACANAZO

Luego de una larga pausa de 12 años, en medio de una guerra que sacudió al planeta, la Copa del Mundo se reanudaría en 1950, regresando a tierras sudamericanas.

Europa estaba en ruinas y el resto de los países no consideraban prudente hacer un gasto importante para un evento deportivo; no obstante, Brasil se postuló en 1946 para organizar la próxima cita mundialista y la FIFA no tardó en aceptar la candidatura.

El gobierno brasileño puso en marcha la construcción del estadio Maracanã para albergar el magno evento futbolístico. En agosto de 1948, más de 1500 obreros sumaron fuerzas para construir lo que se convertiría en una de las grandes catedrales del balompié.

La Copa del Mundo de 1950 era la gran oportunidad para que Brasil, en su casa y con su gente, pudiera finalmente convertirse en campeona del mundo, hito que les había sido esquivo en las pasadas ediciones, siendo el tercer puesto de 1938 su mejor actuación hasta el momento.

Brasil empezó bien el torneo, con grandes jugadores como Zizinho, Ademir de Menezes, Baltazar, Bauer y el capitán Augusto. En la primera fase de grupos, golearon a México 4-0, empataron a dos goles con Suiza y doblegaron 2-0 a Yugoslavia, para liderar la tabla y avanzar a la siguiente fase.

A diferencia de las ediciones anteriores, el torneo de 1950 no contaría con un partido final único. El nuevo formato constaba de cuatro grupos en la primera ronda, avanzando a la siguiente fase los líderes de cada uno, para conformar un grupo final de cuatro equipos, quienes se enfrentarían entre ellos para definir al campeón.

Una vez iniciada la fase final, Brasil mostró su mejor fútbol, goleando 7-1 a Suecia con cuatro tantos de Ademir y luego apabullando al combinado español con marcador de 6-1. *A Seleção* llegaba a su último encuentro sintiéndose campeona, frente a una Uruguay que empató con España y venció sobre la hora a Suecia.

Uruguay solo había competido en la primera edición de la Copa del Mundo en 1930, siendo campeones como país organizador. Tras ausentarse en las dos siguientes ediciones, La Celeste regresaba en 1950 para intentar su segundo título.

"En aquel momento, Brasil era gran favorito según mi punto de vista", contó el atacante uruguayo Juan Alberto Schiaffino a FIFA. "Pero Uruguay podía en cierto modo llegarle a hacer cara a ese gigante, que aparecía como gran favorito para todo el mundo".

Se daba por hecho que Brasil sería campeón. Los dirigidos por Flávio Costa sumaban 21 tantos en cinco encuentros del torneo, Ademir de Menezes brillaba con luz propia, además de un juego que dominaba a sus rivales. *A Seleção* solo necesitaba un empate para convertirse en campeona mundial por primera vez.

El 16 de julio de 1950 se celebró la jornada final, con Suecia derrotando a España a primera hora, frente a poco más de 11 000 aficionados en el estadio Maracanã. Horas más tarde se enfrentarían Brasil y Uruguay.

Una multitud copó el graderío del apoteósico estadio para ver la coronación de Brasil como monarca del balompié mundial. Crónicas de la época hablan de hasta 199 854 fanáticos en el recinto, otros estiran el número a 200 000; sin embargo, FIFA establece que fueron 173 850 espectadores los que asistieron al partido, el de más público en la historia del torneo.

"Llegamos al Maracaná tres horas antes y nos aguantamos todos los gritos, las bombas y los silbatos de los brasileños. Pero fuimos antes porque teníamos hasta miedo de llegar tarde al partido y perder los puntos por el tránsito y los festejos que había en la cancha", contó el guardameta uruguayo Roque Máspoli a *El Gráfico* años después. "Cuando salimos, la cancha era imponente, pero no nos aflojó; al contrario, el marco nos unió más. Además, íntimamente, habíamos hecho nuestro un axioma viejo como el futbol: 'hay que respetar a todos los rivales, pero no temerle a ninguno'…".

Uruguay debía enfrentarse no solo a un equipo plagado de figuras y habilidosos futbolistas, sino también a un gigante estadio repleto con una cifra absurda de fanáticos. Afortunadamente, La Celeste contaba con uno de los más grandes líderes y capitanes en la historia del fútbol, Obdulio "El Negro Jefe" Varela, quien gritó a sus compañeros: "No piensen en toda esa gente, ni en el ruido; no miren para arriba. El partido se juega abajo… ¡Los de afuera son de palo!".

Alcides Ghiggia, veloz extremo de aquella Uruguay, contó años después a *BBC*, la influencia de Varela desde la llegada al estadio: "Tuvimos la suerte de que nuestro capitán (Obdulio Varela) dijo: 'Vamos a salir cuando salgan ellos (brasileños), porque si salimos antes o después, nos van a silbar'. Cuando justo salieron ellos, salimos nosotros y fue en una ovación como si fuera para nosotros. Fue muy emotivo".

Tras un fuerte apretón de mano entre los capitanes Varela y Augusto, el árbitro inglés George Reader dio inicio al encuentro. Uruguay vestía con su tradicional camiseta celeste, *shorts* y medias negras. Brasil, por su parte, usó lo que para ese entonces era su tradicional uniforme blanco.

El partido comenzó como se preveía: con Brasil asediando la línea defensiva uruguaya durante la mayor parte del primer tiempo. No obstante, a diferencia de España y Suecia en los partidos previos, los uruguayos lograron repeler los ataques brasileños y el primer tiempo terminó con empate sin goles.

Iniciada la segunda mitad, el atacante brasileño Friaça no tardó en anotar al minuto 47, golpeando el balón de pierna derecha, batiendo al arquero Roque Máspoli tras un remate rastrero pegado al segundo poste. Con la ventaja parcial, y sabiendo que el empate también los hacía campeones, Brasil ya se sentía ganador del torneo y el público así lo demostró.

Ademir, gran figura brasileña de aquel mundial, contó a FIFA cómo se vivió aquel momento: "Hubo una gran emoción de los hinchas cuando Friaça marcó el gol, hubo gritos y fuegos artificiales. Pero, mira, también hubo mucho juego por parte de los uruguayos. Nunca reanudaron el partido rápidamente. Eso no era lo que que-

ríamos, siempre intentaron hacer lo contrario de lo que queríamos y así tomaron la iniciativa".

Obdulio Varela se quejó con el juez de línea sobre el gol y se tomó su tiempo para sacar desde el medio, alrededor de tres minutos. Cuando se reanudaron las acciones, el ruido y la algarabía brasileña en el estado Maracanã había disminuido; se sentía una mayor calma.

"¿La verdad? Yo había visto al juez de línea levantando la bandera. Claro, el hombre la bajó enseguida, no fuera que lo mataran. Yo cogí la pelota y me fui a hablar con él. Me insultaba el estadio entero con la pelota en la mano, obviamente por la demora", contó Obdulio Varela en el libro *Obdulio Varela: desde el alma*, escrito por el periodista uruguayo Juan Pippo. "Si me banqué aquellas luchas en canchas sin alambrado, de matar o morir, ¡¿me iba a asustar allí, que tenía todas las garantías?! Sabía lo que estaba haciendo. Ahí me di cuenta de que si no enfriábamos el juego, esa máquina de jugar al fútbol nos iba a demoler. Lo que hice fue demorar, nada más. Esos tigres nos comían si les servíamos el bocado muy rápido".

La Celeste tomó la iniciativa en los siguientes minutos hasta conseguir el empate en el minuto 66, por medio de Schiaffino. Aunque el 1-1 parcial seguía dándole el título a Brasil, se empezaba sentir la tensión en la multitud.

Alcides Ghiggia, con su relato, revivió el gol años después, en entrevista con *BBC*: "El primer gol fue una jugada de Obdulio Varela, el capitán, me la tiró larga, la paré, me fui por el lado izquierdo del marcador de punta, entré en diagonal y venía Schiaffino por el costado mío, lo vi, le pasé la pelota y Schiaffino, como vino, la agarró y la metió en el ángulo".

"Cuando empataron, el público ya estaba nervioso, se calló, el apoyo se secó y se detuvo en los últimos minutos", recordó el astro brasileño Ademir.

A 11 minutos de finalizar el encuentro, ocurrió lo impensado: Alcides Ghiggia corrió en diagonal hacia el arco y remató fuerte con su pierna derecha al primer poste, batiendo meta brasileño Moacir

Barbosa. Las más de 100 000 almas en las gradas quedaron mudas: el coloso Maracanã había sido totalmente silenciado.

"Tuve la suerte de hacer el gol en una jugada que llegó de mi compañero Julio Pérez. Él avanzó y me dio la pelota, yo seguí y cuando me salió el marcador de punta, se la devolví y él me tiró un pase largo", contó Ghiggia años después. "Yo era muy rápido y sabía que me le iba a ir al marcador, y del otro lado no iban a llegar a cerrarme; me fui diagonal hacia el arco. Creo que el arquero brasilero, Barbosa, creyó que iba a hacer la misma jugada, el centro hacia atrás, entonces se abrió un poco en el arco, me dejó un espacio y yo en el último segundo tenía que decidir, ¿qué hago, el pase o tiro al arco?, y tiré al arco, la pelota justo fue contra el palo izquierdo del golero, y se tiró, pero no llegó".

"Cuando hicimos el segundo, ya me di cuenta de que no nos podían ganar, porque el estadio quedó frío, en silencio enorme", continuó Ghiggia. "Los mismos jugadores de Brasil estaban fríos, no tuvieron esa reacción que tiene que tener un equipo que va perdiendo, que por lo menos quiere empatar. Ellos con el empate eran campeones del mundo, pero no tuvieron la reacción. Fue una locura para nosotros, muy emocionante y lindo. Para mí el mejor gol que hice en mi vida".

En los minutos finales, Brasil no fue capaz de empatar y el encuentro finalizó con triunfo uruguayo. Aquella fiesta en Río de Janeiro, el gran día en el Maracanã, había terminado con un desenlace inimaginable y que parecía imposible horas antes.

"Cuando bajé del palco oficial, el juego estaba empatado. Cinco minutos más tarde, a la salida del túnel, un silencio sepulcral reemplazó al tumulto", contó el para entonces presidente de la FIFA, Jules Rimet, en su autobiografía. "No hubo himno ni discurso oficial. Me encontré solo, empujado por todas partes hasta que, con el trofeo en la mano, casi a escondidas, pude entregarlo al capitán uruguayo, estrechándole la mano sin poder decirle una sola palabra".

Mientras los uruguayos celebraban su segunda conquista mundial en tan solo dos participaciones, la agonía y la tristeza de los jugadores e hinchas brasileños era notoria. "No fue bueno; recuerdo que fui al vestuario como todo el mundo, pero en cuanto pude, me fui en mi coche y seguí conduciendo", recordó Ademir de Menezes. "Acabé yendo a una isla no muy lejos de Río de Janeiro y me quedé allí 15 días después del partido. Llamé por teléfono a Vasco da Gama para decirle dónde estaba, pero en realidad, solo tenía que alejarme de todo el mundo".

Ghiggia recordó con nostalgia aquella modesta celebración, en una entrevista para el Canal+ español: "Hicimos una colecta por parte nuestra y compramos unos sándwiches y unas cervezas. Nos fuimos a un dormitorio a festejar. Ese fue el festejo que hicimos nosotros. Menos Obdulio (Varela)".

¿Dónde estaba el gran capitán? Una vez más, Varela demostró su humildad y liderazgo, no solo como jugador, sino como ser humano. Al ver tal desconsuelo entre los brasileños, El Negro Jefe los acompañó en un bar.

"La tristeza de la gente fue tal que terminé sentado en un bar bebiendo con ellos", contó Varela. "Cuando me reconocieron, pensé que me iban a matar. Por suerte fue todo lo contrario: me felicitaron y nos quedamos bebiendo juntos".

El revés en aquel partido significó un duro golpe para Brasil: dos hinchas brasileños se quitaron la vida dentro del estadio y, en los días siguientes, se registraron numerosos suicidios en todo el país. Muchos periódicos y aficionados se negaron a aceptar el hecho de que habían sido derrotados.

Aquel día cambió la vida de un niño brasileño de nueve años, Edson Arantes do Nascimento de Minas Gerais. El fatídico partido frente a Uruguay, posteriormente llamado Maracanazo, sembró en el infante un sentido de redención y, en ese momento, nació una leyenda.

"Fue cuando vi llorar a mi padre por primera vez, en el Maracanazo de Uruguay, y frente a una radio, que le prometí que yo iba a ganar el Mundial con Brasil", palabras de Pelé, aquel niño brasileño.

CAPÍTULO 5

1954 FRITZ WALTER: DE LA GUERRA AL MILAGRO DE BERNA

Pocos años después de terminar la Primera Guerra Mundial, nació en 1920 un pequeño alemán llamado Friedrich Walter.

Fritz, como era mejor conocido el niño Walter, estuvo cerca del fútbol desde muy temprano, puesto que sus padres trabajaban en el restaurante del club alemán 1. FC Kaiserslautern. Los entrenadores del equipo no tardaron en ver sus habilidades con el balón, ingresándolo con apenas ocho años en la cantera de la institución.

Las categorías inferiores vieron crecer a Walter durante casi una década, hasta que finalmente debutó con el primer equipo a la edad de 17 años.

El atacante de Kaiserslautern se hizo notar en el máximo nivel del fútbol germano, hasta que en la temporada 1938/40 logró anotar 30 goles en 15 partidos, llamando la atención de Sepp Herberger, el seleccionador alemán.

En julio de 1940, Fritz debutó como internacional y anunció su llegada a la escena mundial con un notable triplete, en la goleada por 9-3 a Rumanía.

Mientras el fútbol de Fritz Walter seguía en ascenso y su juego dominaba el campeonato nacional, como muchos futbolistas de

su época, fue reclutado en 1942 y enviado a luchar por su tierra: los conflictos bélicos de la Segunda Guerra Mundial azotaban al planeta.

Aquella estrella surgente empezó a vivir cambios drásticos en su vida. De la cancha al campo de batalla, entró en acción como parte del cuerpo de paracaidistas a las órdenes del Führer. Walter se desplazó por Francia, Córcega, Cerdeña, Rumanía y muchos otros lugares durante los años siguientes, junto a su equipo, los pilotos de caza rojos.

Durante una misión, Fritz y su unidad fueron capturados por los rusos, lo que significaba una muy probable muerte agónica en Siberia. El ariete alemán, ya traumatizado por ver morir a uno de sus compañeros en la guerra, temía lo peor; sin embargo, el fútbol le tenía una sorpresa.

Un día, en un campo de guerra ucraniano, los prisioneros se enfrentaron a los guardias en un amistoso partido de fútbol. Durante el descanso, uno de los guardias húngaros reconoció a Fritz: "Creo que te conozco. Estuve ahí en 1942, te he visto jugar contra nosotros. Hungría perdió 3-5". Para Walter, de nada servía ser reconocido como futbolista. El día siguiente, él y sus compañeros serían enviados a Siberia.

Iniciadas las movilizaciones de los prisioneros, el nombre de Fritz Walter había desaparecido del listado. El guardia que reconoció a Walter en aquel partidillo, lo salvó de ser llevado por los soviéticos, haciéndolo pasar por austríaco. A diferencia de muchos desafortunados, cuya suerte ya estaba echada, Walter pudo mantenerse con vida.

Terminada la guerra, Fritz Walter pudo regresar a su país y jugar al fútbol. Las ofertas por el atacante no tardaron en llegar: el Nancy francés y el Atlético de Madrid, comandado por Helenio Herrera, ofrecieron sumas importantes para hacerse de sus servicios; no obstante, el astro del Kaiserslautern prefirió quedarse en su club, donde hizo historia, ganando los campeonatos alemanes de 1951 y 1953. El equipo pasó a ser conocido como "el once de Walter".

Tras ser excluida del Mundial de 1950 y fracasar en ediciones anteriores, Alemania estaba lista para regresar al magno evento futbolístico de 1954. Aquella generación dirigida por Sepp Herberger era cualquier cosa menos favorita; sin embargo, contaban con un gran líder como capitán: Fritz Walter, quien, además de ser un extraordinario futbolista, se convirtió en una extensión del entrenador dentro del grupo.

Luego de iniciar el torneo goleando a Turquía con marcador de 4-1, Alemania Occidental debía enfrentarse a la poderosa Hungría de Ferenc Puskás y Sándor Kocsis, que venía de golear 9-0 a Corea del Sur. El combinado húngaro era sin dudas el gran favorito para alzarse con el título en Suiza. El entrenador alemán Sepp Herberger tomó una decisión polémica, descansando piezas importantes para el partido. Los alemanes encajaron una escandalosa goleada de 8-3 en Basilea.

Con una mágica actuación de Frtiz Walter que finalmente pudo estrenarse como goleador en el torneo, Alemania Occidental doblegó nuevamente a Turquía, esta vez con marcador de 7-2 en un partido de desempate. *Die Mannschaft* ya estaba en los cuartos de final, donde los esperaba la difícil Yugoslavia, a quienes derrotaron 2-0.

En semifinales, Alemania Occidental visitaba nuevamente el estadio St. Jakob Stadium de Basilea, mismo recinto donde fueron goleados por Hungría en la fase de grupos. Austria, rival de turno, no pudo contener la furia alemana, siendo goleados 6-1. Fritz Walter y su hermano, Ottmar, anotaron dos goles cada uno. Hans Schäfer y Max Morlock convirtieron los otros dos tantos. Alemania se enfrentaría nuevamente a Hungría, esta vez en la final.

El combinado magyar, como era conocido el equipo húngaro, llegó a la final con pleno de triunfos, además, marcando 25 goles en cuatro encuentros. Sándor Kocsis ya sumaba 11 tantos en la competición.

Con el reciente antecedente en fase de grupos, donde Alemania cayó goleada frente a Hungría, todo indicaba que la final sería un

simple trámite para los húngaros. De ninguna manera dejarían ir la oportunidad de convertirse en campeones mundiales por primera vez.

Llegaba el 4 de julio en Berna y aproximadamente al mediodía, empezaron a caer gotas del cielo. Nubarrones grises acompañaron aquella tarde, prometiendo frío y barro en la final. Con este pronóstico, Hungría podría tener dificultades para manejar el balón, siendo la lluvia un "igualador natural" previo al partido.

En aquel entonces, el combinado germano era acompañado por Adolf "Adi" Dassler, un diseñador de calzados deportivos, fundador de la marca Adidas. Dassler era gran amigo del entrenador Herberger desde los tiempos de guerra y siempre estaba sentado a su lado en el banquillo.

Además de ser más ligeros que el resto de los botines, los Adidas presentaron una gran innovación para aquel campeonato: los tacos atornillados. A diferencia de la bota tradicional, que tenía ganchos de cuero fijos, el zapato de Dassler permitía colocar tacos de distintas longitudes en función del estado del terreno de juego.

Ya en el estadio Wankdorf de Berna, el engramado presentaba charcos y barro en diversos sectores, drásticamente deteriorado. En ese momento el estratega Sepp Herberger dio una orden a Dassler: "Adi, atorníllalos", demandando que sus jugadores utilizaran los tacos especiales para la final.

El árbitro inglés William Ling dio inicio al partido y Hungría se puso por delante en el marcador a los seis minutos, gracias a un tanto de Puskás, quien remató de pierna izquierda al segundo poste. Dos minutos más tarde, el defensor alemán Werner Kohlmeyer hizo una deficiente entrega a su arquero Toni Turek, quien no pudo contener el balón y sirvió el segundo gol húngaro al atacante extremo Zoltán Czibor.

Los dirigidos por Sepp Herberger perdían 0-2 en ocho minutos; a ese ritmo, se avecinaba una goleada peor que la sufrida en fase de grupos.

Mientras transcurrían los minutos, el deterioro del campo fue aumentando. Los tacos más largos en los botines alemanes mejoraron el agarre de sus jugadores, en comparación con los húngaros, cuyas botas llenas de barro eran también mucho más pesadas.

A los diez minutos, Helmut Rahn lanzó un largo pase rastrero desde la izquierda, la defensa húngara no pudo rechazar debido a los botes irregulares del balón en el césped, y el atacante Max Morlock logró empujar el balón para descontar en el marcador.

Tras importantes ataques de ambos equipos, el capitán Fritz Walter levantó un córner, que el portero húngaro no pudo rechazar, llegando Helmut Rahn en el segundo palo para mandar el balón a las redes y empatar el encuentro con marcador de 2-2 en el minuto 18.

La segunda parte mostró a una vistosa Hungría decidida a ganar, con Ferenc Puskás y Sándor Kocsis intentando marcar por todas las vías; no obstante, la defensa alemana se mantuvo sólida. El extremo húngaro Mihály Tóth logró driblar al portero alemán Turek y remató al arco, afortunadamente para los germanos, Kohlmeyer rechazó el balón en la línea de gol, reivindicándose tras su temprano error en el partido.

A seis minutos del final, Helmut Rahn recibió el balón al borde del área contraria, ahí enganchó hacia su pierna izquierda y remató rastrero, ajustando el balón al segundo poste. El meta Gyula Grosics nada pudo hacer y Alemania Occidental estaba por primera vez arriba en el marcador. Fritz Walter y su equipo estaban cerca de ser campeones, aunque se avecinaba una avalancha húngara, desesperada por igualar el marcador.

Hungría hacía un fútbol excepcional y ofensivo; no obstante, el gol les seguía siendo esquivo. A pocos minutos del final, Ferenc Puskás recibió un pase largo para encarar al portero alemán, a quien batió con un fuerte remate de pierna izquierda. Para alivio de los germanos, el tanto fue anulado por fuera de juego.

"¡Puskás, tienes el balón!, ¡Disparo!, ¡Gol! ...", relató el periodista György Szepesi en la transmisión oficial radial de aquel momen-

to. "¡Fuera de juego, fuera de juego!; Griffiths (*linier*) indicó fuera de juego, mis oyentes, Griffiths ha dado fuera de juego. Oh, qué pena... qué pena".

En los últimos instantes, el combinado húngaro tuvo más opciones de peligro, haciendo del arquero alemán Toni Turek una de las grandes figuras del encuentro. El árbitro inglés William Ling sentenció el final del partido y Alemania Occidental se convertía en campeona mundial por primera vez entre lágrimas y abrazos, frente a la incrédula mirada de los jugadores húngaros, quienes previo al encuentro se sentían ganadores.

Alemania Occidental sanaba el sentir nacional tras los fuertes horrores vividos en el conflicto global años atrás e inspirando una nueva esperanza a lo largo del país. El pueblo alemán se sintió liberado: recibió un nuevo aire tras la Segunda Guerra Mundial.

Jonathan Rau, quien fuera presidente alemán, dijo en una ocasión: "Fritz Walter enriqueció a toda nuestra nación. Su extraordinaria capacidad futbolística y su compromiso con el equipo contribuyeron de forma decisiva al 'Milagro de Berna', que llenó de pasión y creencia a innumerables alemanes".

Fritz Walter había comandado como líder al seleccionado alemán para la conquista del Mundial de 1954. En el campo, fungió como centrocampista ofensivo, una posición poco vista en aquella época. Walter jugó hasta 1959, terminando su carrera internacional con 61 partidos y 33 goles. A nivel de clubes jugó 379 veces con el Kaiserslautern, marcando 306 goles.

El laureado genio alemán se convirtió en el primer futbolista de la historia en obtener la Gran Cruz de la Orden del Mérito de la República Federal de Alemania, el más alto honor de una larga lista de condecoraciones. Años más tarde, Walter aún se emocionaba al recordar los acontecimientos de 1954. Como homenaje a su 80 cumpleaños, la televisión alemana emitió la final del 54'. Walter lloró: "Todavía se me pone la piel de gallina al verlo".

En 1985, todavía en vida, Fritz Walter vio al estadio Betzenberg de Kaiserslautern rebautizado con su nombre. Luego de su muerte en 2002, el recinto hospedó un partido de la Copa del Mundo, cuando Italia y Estados Unidos se enfrentaron en Alemania 2006.

CAPÍTULO 6

1958 FONTAINE

El mágico escenario de la Copa del Mundo siempre está a la espera de cuál será la próxima marca a batir, y es que, al final del día, los récords están para romperse.

Aunque nada es imposible, en la edición de 1958, celebrada en Suecia, se produjo un hito histórico que probablemente no pueda ser superado. El ariete francés Just Fontaine dejó en los Mundiales una huella que al parecer será eterna.

Nacido en Marruecos, Fontaine empezó su carrera profesional en el club USM Casablanca, donde pudo destacarse ante la mirada de diversos ojeadores franceses que atendieron a presenciar el campeonato marroquí. La actuación del hábil atacante fue tal, que se marchó a Francia para fichar con el Niza en 1953.

"Los terrenos (en Marruecos) no tenían hierba. Tierra dura y piedras, y por la técnica, es muy bonito para aprender", mencionó Fontaine en entrevista con Simplemente Fútbol. "Ahí se aprende más, es el fútbol de la calle".

Ese mismo año, "le cannonier", como también era conocido, hizo su estreno con el seleccionado nacional francés, marcando tres tantos a Luxemburgo, en partido por eliminatorias mundialistas.

Tras una productiva etapa, marcando 51 goles en 84 presentaciones, Fontaine fichó en 1956 por el Reims, cuya gran estrella, Raymond Kopa, recién se marchaba al poderoso Real Madrid de Di Stéfano y Gento.

La presión de ocupar el puesto de un astro como Kopa no afectó a Fontaine, quien siguió marcando goles a buen ritmo en el campeonato francés, siendo tomado en cuenta por el seleccionador galo Paul Nicolas, para asistir a la Copa del Mundo de 1958.

El combinado francés contaba con Raymond Kopa como jugador estelar, junto a Fontaine y Roger Piantoni, quienes lideraron la ofensiva del Reims en la conquista del doblete en 1958. El capitán sería Robert Jonquet, también del Reims, participando en su segunda aventura mundialista, tras disputar la edición de 1954.

Con 24 años y luego de hacer una grandiosa temporada en su club, Fontaine acredita su buen estado de forma a una operación que le permitió descansar para llegar fresco al magno evento futbolístico.

"Estaba en un gran momento de forma de cara al Mundial de 1958 y lo mantuve en el torneo. Mi gran ventaja fue que me operaron de la rodilla en diciembre de 1957 y volví en febrero", dijo Fontaine. "Eso me dio un pequeño descanso invernal significando que en junio yo estaba fresco y los demás no".

Con una gran ambición y la responsabilidad de finalmente situar a Francia entre los mejores equipos del mundo, *Les Bleus* llegaron a Suecia con un buen plantel, que soñaba con trascender y al menos superar su participación de 1938, donde siendo locales alcanzaron los cuartos de final.

Poco antes de iniciar la travesía *bleu* en Suecia, uno de los botines de Just Fontaine se rompió durante una práctica. "En aquella época solo teníamos dos pares de botas y no había patrocinador. Me encontré sin nada", cuenta Fontaine. "Por fortuna, Stéphane Bruey, uno de mis compañeros suplentes, calzaba el mismo número que yo y me prestó las suyas".

El primer rival de los galos fue Paraguay, un duro equipo que propuso un encuentro de ida y vuelta; no tenían miedo. Los guaraníes lograron adelantarse 2-3 a inicios del segundo tiempo; no obstante, Francia reaccionó y terminó goleando, venciendo con marcador de 7-3. Just Fontaine marcó tres de los siete goles.

Seguía Yugoslavia en el segundo encuentro, una selección que venía de alcanzar los cuartos de final en 1954 y que jugaba muy bien al fútbol. Dos goles de Just Fontaine no fueron suficientes para que los franceses evitaran la derrota. Un doblete de Veselinović y otro tanto de Petaković firmaron el triunfo yugoslavo por 3-2.

La concentración *bleu* vivía una gran tensión previo al partido contra Escocia. Una derrota o inclusive un empate podían sellar una prematura eliminación de Francia en el torneo. Afortunadamente, Raymond Kopa y Just Fontaine tuvieron su noche, anotando un gol cada uno para ganar el encuentro, con un ajustado marcador de 2-1.

Ya en cuartos de final, Francia se enfrentaba a Irlanda del Norte, un equipo desgastado a razón de disputar un juego extra en la fase de grupos, frente a la Checoslovaquia de Josef Masopust, donde además llegaron a la prórroga.

Crecidos en confianza, los galos efectuaron en Norrköping un fútbol excelso. Fontaine convirtió un doblete que, sumado a los tantos de Wisnieski y Piantoni, firmaron un contundente triunfo por goleada con marcador de 4-0. Francia alcanzaba las semifinales por primera vez en su historia mundialista.

El periódico sueco Svenska Dagbladet escribió: "Hay que remontarse muy lejos en la historia, para encontrar algún rastro de un equipo que haya jugado con tanta elegancia en Suecia como los franceses".

Brasil era el próximo rival de Francia, una selección repleta de talento: Vavá, Didi, Garrincha, Zagallo y un joven Pelé. Los dirigidos por Vicente Feola no habían encajado gol alguno hasta el momento: la defensa comandada por el capitán Bellini y Nilton Santos no ofrecía oportunidad ofensiva a sus rivales.

Dos minutos tras el inicio del encuentro en el estadio Råsund de Solna, Garrincha lanzó un preciso pase largo a Vavá, quien controló de pecho y remató al arco, batiendo al meta francés Claude Abbes. Siete minutos más tarde, una genialidad de Kopa dejó a Fontaine mano a mano frente al arquero, superándolo con un regate y rematando de izquierda al arco vacío. Francia igualaba las acciones y propinaba a Brasil su primer gol encajado en el torneo.

Cuando *Les bleus* vivían su mejor momento, el capitán francés Robert Jonquet sufrió una fuerte entrada por parte de Vavá en el minuto 34, provocando una dolorosa fractura de peroné. Entre lágrimas y lleno de impotencia, Jonquet jugó el resto del partido con una pierna rota y mostrando gestos de dolor. En aquella época aun no existían las sustituciones.

Brasil no tardó en adelantarse nuevamente en el marcador ante una diezmada Francia. El centrocampista Didi efectuó un potente remate a 25 metros del arco, embocando el balón en el ángulo del primer poste. La *canarinha* se iba ganando 2-1 al descanso.

El segundo tiempo vio a Pelé como gran protagonista, anotando un triplete en 23 minutos, para sepultar las esperanzas de los franceses, quienes en un último esfuerzo descontaron por medio de Piantoni, poniendo cifras finales de 5-2 en el marcador.

Aunque ya habían hecho su mejor actuación hasta el momento, los franceses no estaban satisfechos, sentían que el resultado pudo ser mejor. Alemania Occidental, los últimos campeones, enfrentarían a *Les bleus* en el partido por el tercer puesto.

Con el bronce en juego, Just Fontaine tenía en mente un reto mayor: superar la marca de 11 goles en un mismo Mundial, establecida por el húngaro Sándor Kocsis en 1954. "Le cannonier" ya sumaba nueve anotaciones y necesitaba convertir tres tantos a los alemanes para escribir su nombre en la historia.

La defensa alemana solo pudo resistir durante 16 minutos, hasta que Fontaine logró perforar por primera vez las redes del arquero Heinz Kwiatkowski. Luego del empate alemán gracias a Hans Ciesclarczyk, un jugador francés fue derribado en el área, consiguiendo un penal a favor. Aunque Fontaine sabía que necesitaba un gol para empatar a Kocsis, permitió a Kopa ejecutar el disparo, el cual convirtió. "Le cannonier" volvió a hacerse presente en el marcador, aumentando la ventaja francesa a 3-1 al cabo del primer tiempo.

El desafío personal de Fontaine estaba a un gol de hacerse realidad, ya había empatado la marca de Kocsis; no obstante, quería marcar su gol número doce mundialista y ubicarse como líder histórico en solitario. En la segunda parte, el letal ariete francés convirtió dos goles más en los minutos 78 y 89, llegando a un total de 13 en una misma edición de la Copa del Mundo. El partido terminó 6-3 a favor del combinado galo.

"Todavía recibo diez cartas a la semana de los hinchas alemanes preguntando por qué ocurrió esto", dijo Fontaine en entrevista con AP. "No pueden entender cómo alguien pudo marcar cuatro goles a una defensa alemana".

Múltiples décadas después de esa gran gesta, el mundo deportivo, tal y como de costumbre, menosprecia o subvalora aquellos logros de antaño. Fontaine considera que su marca fue difícil de alcanzar y que será aún más complicado superarla.

"No, no era más fácil marcar en 1958", dijo Fontaine. "El estado del balón, la duración del viaje y el *amateurismo* del personal de la zaga hicieron que todo fuera mucho más complicado que hoy. También tenía las botas de otros. Y el último gran goleador del Mundial, Ronaldo, jugó contra equipos como China y Costa Rica. Por encima de todo, los árbitros protegen a los delanteros mucho más que en mi época. Así que permítanme repetirlo: 13 goles es un total enorme. ¿Batir mi récord? No creo que pueda hacerse nunca. La persona que quiera vencerme tiene una enorme tarea, ¿no es así? Tiene que marcar dos goles por partido durante siete".

Hasta la fecha, solo Miroslav Klose (16), Ronaldo (15) y Gerd Müller (14), quienes disputaron dos o más torneos, han marcado más goles que Fontaine. Desde 1958, quien más se ha acercado a la cifra de más anotaciones en una Copa del Mundo, fue Gerd Müller en 1970, acumulando diez dianas.

El legendario ariete francés fue incluido en la lista FIFA 100 de 2004, una selección del brasileño Pelé con los "mejores futbolistas vivos" para el momento. Aquel listado formó parte de las celebraciones del centenario de la FIFA, el organismo rector del fútbol internacional.

BRASIL Y EL JOVEN PELÉ

Por primera vez, el mundo entero tuvo la posibilidad de disfrutar de la Copa del mundo, ya que la edición de 1958 recibió cobertura y transmisión internacional, un gran avance que ofreció la oportunidad de ver a las máximas estrellas del balompié disputar el magno evento, aunque una de ellas dejaría una huella imborrable en la historia del certamen.

Un año antes del Mundial, debutaba para Brasil un joven Pelé de 16 años y nueve meses. En aquel partido celebrado en el estadio Maracanã, el hábil atacante se convirtió en el goleador más joven en la historia del país, en un partido donde cayeron 2-1 frente a Argentina.

El joven brasileño ya era considerado como una futura estrella, esto gracias a sus magníficas actuaciones con el Santos. La conquista del Campeonato Paulista en 1958, anotando la sorprendente cantidad de 58 goles en 38 encuentros, ya lo daban como uno de los candidatos para representar a su país en el venidero Mundial, a celebrarse en Suecia.

Imágenes catastróficas del 50', aquella fatídica derrota frente a Uruguay en el Maracanã, todavía estaban latentes para un pueblo brasileño que aún soñaba con finalmente poder conquistar su primera Copa del Mundo.

El estratega Vicente Feola tenía la responsabilidad de guiar al equipo hasta lo más alto; sin embargo, tuvo que primero mediar con los jugadores más pesados del vestuario brasileño, como lo eran Nilton Santos y Didí, quienes sabían que debía intentarse algo diferente, dando protagonismo a las nuevas figuras del plantel.

Bajo la influencia de un psicólogo contratado para ayudar a la selección brasileña, Feola dudaba de la capacidad de dos adolescentes, Pelé y Garrincha, para afrontar un torneo de tanto nivel. "Durante el Mundial de 1958, la selección de Brasil llevó también a un psicólogo, por primera vez", recordó Pelé. "Se llamaba João Carvalhaes y en el vestuario empezó a hacer entrevistas, investigaciones y estudios, hasta que finalmente dijo al entrenador: 'Pelé es demasiado joven para jugar en la Copa del Mundo'…".

Pelé y Garrincha ya daban de qué hablar en Brasil; su frescura y naturalidad a la hora de jugar al fútbol eran necesarias para aspirar al título, es por eso que Nilton Santos, hábil lateral izquierdo de aquel equipo, encaró al estratega y demandó: "Si no entran ellos, no jugamos nosotros". Feola accedió al pedido del equipo, respondiendo: "Voy hacer lo que ustedes piden, porque si ganamos o perdemos, ustedes van a quedar como responsables".

"Pelé podía disparar con la izquierda, con la derecha y tenía tal visión que en cuanto recibía el balón ya sabía lo que iba a hacer con él. Era extraordinario", mencionó Paolo Amaral, preparador físico de aquel equipo brasileño.

Acercándose la cita mundialista, Pelé llegaba con secuelas de una lesión de rodilla, disminuyendo considerablemente la posibilidad de verlo jugar en los primeros partidos del torneo. El joven no estuvo en los dos encuentros iniciales, donde Brasil derrotó 3-0 a Austria en primera instancia, para luego empatar sin goles frente a la difícil Inglaterra.

Brasil tenía la obligación de ganar su próximo partido frente a la Unión Soviética para asegurar su puesto en los cuartos de final. No sería fácil: el equipo europeo contaba en el arco con una leyenda como Lev Yashin, además del prolífico artillero del Spartak de Moscú, Anatoli Ilyin.

Previo al encuentro, el entrenador Feola llenó de elogios al ariete sueco Kurt Hamrin, al ser preguntado sobre sus posibles futuros rivales: "Va a ser difícil pararlo, es como un sudamericano". Una vez más, Nilton Santos encaró al estratega: "Pelé y Garrincha ha-

cen esta mierda mejor que ese gringo, pero tú los llamas individualistas y poco disciplinados".

Ante la gran presión que se vivía previo a un difícil y decisivo partido frente a la URSS; Feola tomó la determinación de finalmente incluir a Pelé y a Garrincha en el 11 inicial. El estratega se lavó las manos: si las cosas no salían bien, pues habría sido por culpa de sus jugadores, quienes pidieron la inclusión de las jóvenes promesas.

Iniciado el encuentro, Pelé logró combinarse con Garrincha, quien encaró y superó a dos defensores soviéticos para luego rematar al arco, chocando el balón contra el poste. En aquellos momentos iniciales, Pelé también remató al larguero. Instantes bastaron para que los dos jóvenes brasileños mostraran su dinámico fútbol.

Vavá puso por delante a los brasileños en el minuto 3; aquel primer tiempo fue un total dominio por parte del elenco sudamericano. Los tres primeros minutos de aquel partido son considerados por muchos como los de mejor fútbol en la historia de los Mundiales. La Unión Soviética se mantuvo ordenada para impedir que la ventaja fuera superior.

En la segunda mitad, con una magistral actuación del centrocampista Didí, el elenco brasileño cortó todos los ataques soviéticos para salir jugando con el balón. A 13 minutos del final, Didí se combinó con Garrincha y Vavá, quien convirtió su segundo gol para poner cifras definitivas de 2-0 en el marcador. Aunque Brasil clasificaba a cuartos de final, la gran noticia fue el estreno de Pelé y Garrincha.

Brasil, con su oncena renovada, derrotó por la mínima a Gales en los cuartos de final, gracias a un tanto de Pelé al minuto 66, quien se convirtió en el goleador más joven en la historia de los Mundiales, con 17 años y 239 días. Quien en un futuro se convertiría en "O Rei", ya estaba dejando su marca en el magno evento futbolístico.

Las semifinales presentaban una final adelantada, donde Brasil se enfrentaba a Francia, un equipo que contaba con figuras como

Raymond Kopa, elegido como Balón de Oro de ese año gracias a sus maravillosas actuaciones con el Real Madrid, y Just Fontaine, hasta ese momento el goleador del certamen con ocho tantos.

"Estábamos seguros de que si vencíamos a Francia, seríamos campeones. Francia era el único que nos podía derrotar", dijo Pelé al diario *Folha* de Sao Paulo años después.

El mundo fue testigo de una actuación mágica e histórica, como pocas veces se puede repetir en un torneo de tan alto nivel como el Mundial.

Vavá adelantó a los brasileños con un tempranero gol a los dos minutos; sin embargo, una genialidad de Kopa habilitó a Fontaine para que igualara las acciones en el minuto 9. El estadio Råsunda de Solna vivía en su engramado un encuentro de alto calibre. Didí amplió la ventaja brasileña a los 39 minutos, gracias a un hermoso disparo a 25 metros del arco.

En la segunda parte, Pelé nuevamente acapararía todos los focos. El joven brasileño tomó ventaja de un error del meta francés Claude Abbes, para anotar al minuto 52. Minutos más tarde, volvería a convertir dentro del área rival, tras un potente remate de derecha. En el minuto 75 Pelé controló un pase aéreo al borde del área y remató de primera intención, marcando su tercer gol del partido.

Piantoni descontó por los franceses en el minuto 83, para poner cifras de 5-2 en el marcador final a favor de Brasil, un equipo que frente al rival más complicado hizo su mejor encuentro, asegurando su puesto en la final.

En ese momento, Pelé se convirtió en el jugador más joven marcando un triplete en un Mundial. Los medios brasileños ya se referían a él como "el futuro rey", ante tal actuación frente a un poderoso equipo francés, que hasta el momento, sumaba 15 goles a favor en cuatro encuentros de la competición.

"En cuanto Pelé tocaba el balón sabías que era maravilloso", dijo Just Fontaine en entrevista con AP. "Marcó tres contra noso-

tros. Pero solo cuando vi la final (contra Suecia), me di cuenta de lo bueno que era".

La anfitriona Suecia esperaba en la final, con un equipo plagado de estrellas, incluyendo a su capitán Nils Liedholm, leyenda del Milan italiano, además de Orvar Bergmark, uno de los mejores defensores de la década, y Kurt Hamrin, atacante al que el entrenador brasileño Feola llenó de elogios a inicios del torneo.

Brasil, que debía jugar con su camiseta alternativa azul, aún sentía latente aquellos fantasmas del Maracanazo de 1950. El seleccionado sudamericano estaba a tan solo un triunfo de finalmente convertirse en campeones del mundo y quedar para siempre en la historia.

El estadio Råsunda de Solna, donde Brasil derrotó a Francia en semifinales, fue seleccionado como sede de la gran final. Pelé, en aquel recinto donde ya había brillado, estaba decidido a cumplir una promesa hecha a su padre en 1950, justo después del fatídico Maracanazo: "Fue cuando vi llorar a mi padre por primera vez, en el Maracanazo de Uruguay, y frente a una radio, que le prometí que yo iba a ganar el Mundial con Brasil".

Las cosas no empezaron bien para los brasileños. Suecia abrió el marcador a los cuatro minutos, gracias a un excepcional tanto de Liedholm, quien desplegó su magia dejando en el camino a dos defensores brasileños, para posteriormente rematar y colocar el balón en el segundo poste del arco custodiado por Gilmar.

A los nueve minutos, Pelé logró desbordar por el costado derecho para enviar un pase rasante a Vavá, quien empató el partido para los brasileños. Faltando 13 minutos para terminar la primera parte, Vavá convirtió el gol de la ventaja para la *verde-amarela*, aunque esta vez fue Garrincha quien logró superar defensores desde la banda derecha, para posteriormente lanzar el pase al *killer* brasileño.

La segunda parte fue una auténtica exhibición de Garrincha en el costado derecho, mostrando un fútbol alegre y creativo frente a los férreos defensores suecos; no obstante, Pelé también estaba decidido a dejar su marca en aquella final.

Transcurría el minuto 55 y Nilton Santos envió un pase aéreo desde la izquierda. Pelé, dentro del área, controló el balón con su pecho, luego superó a un defensor lanzando la esférica por encima de él, un "sombrero", para posteriormente rematar con fuerza de pierna derecha y ampliar la ventaja brasileña. Pelé, luego de tal genialidad, se convirtió en el goleador más joven en una final mundialista.

Luego de anotaciones por parte de Mário Zagallo para Brasil y Agne Simonsson para Suecia, Pelé se haría sentir una vez más en el marcador. Transcurriendo el minuto 90 de acción, Pelé durmió un balón aéreo con su pecho, luego entregó un mágico pase de tacón para Zagallo, quien lanzó un centro al área para ser rematado por Pelé, quien con su cabeza cambió la dirección la pelota, mandándola al fondo de las redes y sentenciando el marcador final de 5-2.

"Cuando Pelé marcó el quinto gol en esa final, tengo que ser sincero y decir que me dieron ganas de aplaudir", recordó el jugador sueco Sigvard Parling.

Brasil era campeona del mundo por primera vez, devolviendo el orgullo a una nación cuya identidad estaba íntimamente ligada a sus proezas futbolísticas. La maldición del Maracanazo había desaparecido.

"En 1950, fue dramático. Perdimos la final por 1-2 ante Uruguay (en el Maracanazo). En 1954 Brasil tampoco fue bien, pero en el 58 vino una generación nueva, confiada, que no temblaba", rememoró el delantero brasileño José Macía Pepe en una entrevista con *EFE*. "Nosotros saltamos el graderío y dimos la vuelta olímpica con los que habían jugado. Y yo pensaba: 'Dios mío, soy campeón del mundo, menudo orgullo'".

Pelé iniciaba su aventura mundialista por todo lo alto, anotando goles importantes, mostrando su magia en el césped y siendo decisivo cuando el equipo más lo necesitaba. Con solo 17 años, Edson

Arantes do Nascimento ya lograba destacarse en el magno evento del fútbol, por encima de las máximas estrellas mundiales del momento, y la pregunta era: ¿qué tan lejos puede llegar? La historia de aquel joven brasileño apenas empezaba.

CAPÍTULO 7

1962 LA BATALLA DE SANTIAGO

La Copa del Mundo postguerra continuaba su curso para restablecerse como un evento constante. Luego de los torneos de 1954 y 1958, celebrados en los países europeos Suiza y Suecia; las naciones de América amenazaron con boicotear la edición de 1962, si no se les tomaba en cuenta para albergar la gran cita.

Se esperaba que Argentina fuera elegida como sede del Mundial de 1962; no obstante, Chile se postuló como candidata y luego fue seleccionada por medio de votos. 12 años después, la Copa del Mundo regresaba a Sudamérica, tras realizarse la edición de 1950 en Brasil.

El torneo crecía en importancia y el deseo de los equipos por ganar los llevó a emplear un juego duro en la cancha, ya que en aquel momento no existían las amonestaciones para sancionar faltas y conductas antideportivas.

La contienda celebrada en Chile mostró una tónica violenta desde el inicio. Argentina y Bulgaria se enfrentaron en fase de grupos, en un encuentro donde fueron señaladas 69 faltas, una cada 78 segundos de juego.

Yugoslavia y la Unión Soviética volvieron a enfrentarse luego de verse las caras en la final de la Eurocopa de 1960. Aunque el par-

tido fue ganado por los soviéticos, las patadas y riñas en el campo fueron protagonistas.

Alemania e Italia también mostraron la cara violenta del fútbol en su encuentro de fase de grupos, donde hubo un total de ocho lesionados, cuatro por bando. "Desde el comienzo, el partido se constituyó en una riña franca", afirmó Sepp Herberger, entrenador alemán y campeón del mundo en 1954. "Este ha sido el partido más duro en la historia del fútbol alemán".

El duelo entre Checoslovaquia y España también tuvo sus momentos bruscos. El español Feliciano Rivilla es recordado por usar una bota de yeso durante el resto del Mundial, mientras que el arquero checoslovaco Viliam Schrojf quedó inconsciente durante cinco minutos, tras recibir una patada en la cabeza.

Los dos primeros días de contienda dejaron saldo de cuatro expulsiones, tres piernas rotas, un tobillo fracturado y múltiples costillas quebradas.

"Quedó claro después de solo dos días que la mayoría de los equipos estaban tan ansiosos por evitar un regreso temprano a casa, que habían olvidado que el fútbol era solo un juego y la Copa del Mundo, su mayor escaparate", escribió el corresponsal de fútbol del *Telegraph*, Donald Saunders, en su libro sobre el torneo publicado más tarde ese año. "De los cuatro centros llegaron informes de violencia, mal humor, lesiones graves y muy poco del fútbol artístico que se espera de los principales profesionales del mundo".

La FIFA sentía que el torneo se estaba yendo de las manos, el tono violento estaba superando por mucho al espectáculo futbolístico y, más aún, aquellos atletas admirados por los niños estaban dando el peor ejemplo posible frente al mundo. El ente rector del balompié tomó la determinación de convocar un consejo de carácter urgente, para discutir la brutalidad y los malos arbitrajes, aunque esto no sirvió de nada: lo peor estaba por venir.

Chile e Italia se enfrentaban en la segunda jornada de la fase de grupos en medio de una gran tensión, gracias a diversas publicaciones realizadas por periodistas italianos que despreciaron al país sudamericano, sus habitantes y costumbres.

Uno de aquellos periodistas fue Corrado Pizzinelli, quien escribió para *La Nazione*: "Los teléfonos no funcionan, los taxis son tan raros como los maridos fieles, un cable a Europa cuesta un ojo de la cara y una carta tarda cinco días en aparecer". Apuntó sobre la población chilena: "La desnutrición, el analfabetismo, el alcoholismo y la pobreza. Santiago es terrible".

"En ningún lugar uno se siente tan lejano, perdido y solo como en la ciudad huésped del campeonato mundial. Para los extranjeros es imposible huir de la nostalgia. Los jugadores se resentirán con este clima depresivo. Santiago es un campeón de los problemas más terribles de América Latina. Todo lo que Santiago muestra, aun las casas populares construidas de prisa para algunas decenas de millares de personas. (...) No es en absoluto una ciudad fascinante".

El 2 de junio de 1962, la selección de Italia, dos veces campeona de la Copa del Mundo, entró al Estadio Nacional de Santiago con flores en sus manos, para ser entregadas al público asistente. Aquellos ramos fueron lanzados de vuelta a los jugadores italianos, en medio de escupitajos y objetos contundentes. Había quedado claro el total rechazo del pueblo chileno con los mediterráneos.

Inicialmente, sería designado un árbitro español para llevar las riendas del partido; no obstante, la Federación Italiana de Fútbol presentó una queja ante la FIFA. Los italianos consideraban que aquel árbitro podía comunicarse en su mismo idioma con los chilenos, otorgando una clara ventaja al combinado local.

La FIFA accedió a la demanda italiana, cambiando al juez principal del encuentro. El experimentado inglés Ken Aston asumiría el rol como árbitro del Chile contra Italia en Santiago.

Bastaron 12 segundos de partido para que se cometiera la primera falta y cuatro minutos para conocer al primer expulsado del encuentro, el italiano Giorgio Ferrini, quien se negó a abandonar

el campo. Tras alrededor de diez minutos, la policía armada pudo finalmente retirar a Ferrini del campo.

"El terreno de juego se convirtió rápidamente en un campo de batalla, ya que los jugadores se olvidaron del balón y se concentraron en dar patadas al rival más cercano", escribió el periódico británico *The Mirror*.

Finalizando la primera parte, el chileno Leonel Sánchez, hijo de un boxeador profesional, le propinó un fuerte gancho de izquierda a Humberto Maschio, fracturando su tabique nasal. Aquella acción no tuvo represalias y Sánchez volvió a atacar, esta vez al defensor italiano Mario David, quien fue expulsado por responder a la agresión.

"Sánchez le rompió la nariz a Maschio y el árbitro no dijo nada, sino que expulsó a Ferrini que intentaba vengarse de Sánchez, pero ni siquiera lo tocó", recordó Mario David. "Entonces su portero le pasó el balón a Sánchez, que se sentó sobre él y lo mantuvo entre las piernas. Para poder patear el balón, tuve que darle un pequeño puntapié a él también y, cuando se levantó, me dio un puñetazo, pero el árbitro hizo como si no hubiera pasado nada. Entonces desafié a Sánchez con la pierna extendida y le toqué en el hombro, y el desvergonzado Aston también me expulsó. Me quedé en la entrada del túnel para ver el resto del partido".

Ken Aston, *referee* de aquel encuentro, asegura que quienes lo acompañaban en la terna arbitral no eran precisamente experimentados y que, además, podían sentirse intimidados ante la grada chilena. "Si el árbitro o el juez de línea no ven nada, no se puede hacer nada. Estoy seguro de que el juez de línea sí lo vio, pero se negó a decírmelo. Me tocó con un mexicano y un pequeño americano, no eran muy buenos, así que se convirtió casi en yo contra los 22 jugadores".

Con un marcador sin goles e innumerables agresiones, el partido se fue al descanso con dos expulsiones italianas y un amargo empate a cero. El ritmo violento se mantuvo durante toda la segunda parte, donde los agarrones, patadas y golpes se hacían presentes en cada minuto de juego.

"El árbitro era un monstruo de injusticia. Solo castigaba nuestras infracciones y cerraba los ojos ante los puntapiés y los puñetazos que propinaban los chilenos", escribió el periodista italiano Ettore Bocci para *Corriere d'Informazione*. "Reaccionamos ante las provocaciones. Debimos mantenernos calmos, como de hielo, frente a la convulsa agitación de nuestros adversarios. Entonces el error de los chilenos hubiera aparecido flagrante".

En el minuto 73, irónicamente, Leonel Sánchez ejecutó un tiro libre, posteriormente rematado de cabeza por Jaime Ramírez para adelantar a los chilenos en el marcador. Al minuto 87, Jorge Toro realizó un espectacular disparo lejano para aumentar la ventaja a 2-0.

La última jugada del encuentro vio al atacante chileno Honorino Landa superando rivales italianos con su velocidad. Giampaolo Menichelli intentó derribarlo con una fuerte entrada, aunque no tuvo éxito; sin embargo, su compañero Sandro Salvadore le propinó una fuerte patada voladora, al mejor estilo de Bruce Lee. Mientras se aglomeraban los jugadores de ambos bandos, entre insultos y empujones, el árbitro Ken Aston sentenció el término del encuentro.

Aunque se había escuchado el silbato final, siguieron las peleas en el césped. Humberto Maschio fue a darle la mano a Honorino Landa e inmediatamente le propinó un puñetazo en el rostro. El chileno respondió con una patada y, acto seguido, se vio a Maschio parado al mejor estilo boxístico, con sus puños frente a su rostro.

Jorge Pica, directivo de la Federación Chilena de Fútbol, fue contundente con sus palabras hacia los jugadores italianos: "Parecía que salían al campo solo con la intención de lesionar a los chilenos. Fue como un rodeo. Francamente, creo que estaban dopados. Ahora veo la necesidad de hacer pruebas de laboratorio a los jugadores después de los partidos".

El presentador y comentarista de la BBC, David Coleman, grabó una recordada e insigne presentación para mostrar el partido

tres días después. En aquel momento, se debía enviar por avión las imágenes de los partidos a las emisoras, para luego ser editadas y publicadas.

"Buenas tardes. El partido que van a ver es la exhibición de fútbol más estúpida, espantosa, repugnante y vergonzosa de la historia del deporte", sentenció Coleman. "Es la primera vez que estos países se enfrentan; esperamos que sea la última. El lema nacional de Chile reza: 'Por la razón o por la fuerza'. Hoy, los chilenos no estaban dispuestos a ser razonables, los italianos solo utilizaron la fuerza y el resultado fue un desastre para el Mundial. Si la Copa del Mundo va a sobrevivir en su forma actual, hay que hacer algo con los equipos que juegan así. De hecho, después de ver la película de esta noche, ustedes en casa pueden pensar que los equipos que juegan de esta manera deberían ser expulsados inmediatamente de la competición".

El escandaloso partido obligó a sir Stanley Rous, presidente de la FIFA en aquel momento, a reunir a los representantes de los 16 equipos en el Hotel Carrera de Santiago, exigiendo una mejora en la conducta de los jugadores. "¿Qué pensarán los niños cuando vean el abominable comportamiento de los mejores jugadores?", enfatizó Rous. "Tenemos que salvar la reputación de este torneo. No se trata de ganar a toda costa".

Cuatro años más tarde, en la edición de 1966 celebrada en Inglaterra, Ken Aston fue designado como Jefe de Árbitros de la Copa del Mundo.

En aquel momento, las tarjetas no existían y las expulsiones las efectuaba el árbitro de forma verbal. El jugador Antonio Rattin fue expulsado en los cuartos de final frente a Inglaterra. La barrera del idioma impidió la comunicación del argentino con el colegiado alemán Rudolf Kreitlein, por lo que Rattin no entendía lo que estaba pasando y se negó a abandonar el campo hasta que, minutos después, fue retirado del campo por el cuerpo de seguridad.

Ken Aston recordó aquel fatídico y brusco partido entre Chile e Italia en Santiago, donde siendo el árbitro principal y naturalmente anglohablante, no pudo comunicarse eficazmente con Giorgio Ferrini durante su expulsión, por lo que el italiano no quiso abandonar la cancha.

Durante el mismo partido entre argentinos e ingleses, Jack Charlton fue amonestado verbalmente por árbitro Kreitlein, aunque evidentemente nadie se dio cuenta, pues no había una forma clara de expresarlo ante el público asistente y las cámaras. Aston se enteró de aquella advertencia un día más tarde, mientras leía la prensa.

El fútbol era cada vez más multicultural y en la Copa del Mundo, entre jugadores, árbitros y directivos, se manejaban diversos idiomas, aunque en cuanto a fútbol, no existía una forma de comunicación estándar para ser entendida por todos, lo que significaba un gran problema.

Un día durante aquel Mundial, Ken Aston conducía desde el estadio Wembley a Lancaster Gate y, al detenerse en un semáforo, notó que aquel esquema de luces por colores, basado en el rojo para detenerse y el amarillo para indicar precaución, podía aplicarse al fútbol para superar las barreras comunicacionales y expresar claramente, tanto a jugadores como espectadores, los momentos de expulsión o amonestación.

Al llegar a su casa, Aston le contó a su esposa Hilda sobre su idea. Ella se marchó a otra habitación y regresó minutos más tarde con dos tarjetas, hechas de papel de construcción. El ingenio de Hilda la llevó a cortar aquellas cartulinas en un tamaño óptimo, para que cupieran en el bolsillo de una camisa. Así nacieron las tarjetas amarillas y rojas, que se utilizarían por primera vez cuatro años más tarde, en el Mundial de 1970.

CAPÍTULO 8

1966 COREA DEL NORTE: DEL SUEÑO ÉPICO A LA TRAGEDIA

Mientras que en Europa, Sudamérica y Norteamérica se efectuaron las eliminatorias mundialistas con relativa normalidad, no fue así en Asia, África y Oceanía. Entre temas políticos, boicots y prematuras retiradas de varios equipos se realizó una eliminatoria conjunta de los tres continentes, donde solo vieron acción dos equipos.

En África, 15 equipos debían eliminarse en seis grupos, para posteriormente enfrentarse a los rivales de Asia y Oceanía. Esto no fue bien visto por las naciones africanas, ya que el formato no garantizaba la presencia de alguno de sus combinados en la Copa del Mundo, es por ello que abandonaron las eliminatorias mundialistas en forma de protesta o boicot.

Sudáfrica, que había sido trasladada a la eliminatoria de Asia y Oceanía, fue suspendida por la FIFA a razón del sistema "Apartheid", que consistía en la creación de comunidades aisladas para los diferentes grupos raciales, brindando poder exclusivo a la raza blanca.

Filipinas no fue autorizada por la FIFA para participar en las eliminatorias, mientras que Corea del Sur se retiró de la contienda por razones políticas. Solo quedaban dos naciones para definir un

puesto en la Copa del Mundo a celebrarse en Inglaterra: Australia y Corea del Norte.

El seleccionado australiano, conformado por jugadores *amateurs* y formado principalmente por expatriados británicos, había jugado su último partido internacional siete años atrás, mientras que Corea del Norte se tomaba en serio la gran oportunidad de participar en un Mundial.

Kim Il-sung, gran líder norcoreano de la época, soñaba con ver a su equipo en la máxima contienda futbolística, para mostrar al mundo lo mejor de su ideología. El equipo de Corea del Norte se mantuvo entrenando durante meses con todas las comodidades posibles, sabiendo que ganando la serie de dos partidos frente a Australia, bastaría para sellar su participación en la Copa del Mundo.

El campamento futbolístico fue exhaustivo, con extremos trabajos físicos para fortalecer e incrementar la musculatura de los jugadores. Cuentan que el portero Lee Chang-Myung, de 1,70 metros de estatura, saltaba cientos de veces al día hasta tocar el travesaño por encima del codo. El trabajo de campo también fue crucial, ya los futbolistas norcoreanos se entendían ciegamente en la cancha.

En noviembre de 1965 se realizaron los dos partidos en Camboya, donde Corea del Norte fue claramente superior a los australianos. La primera justa vio al cuadro asiático golear con marcador de 6-1, mientras que en el segundo cotejo vencieron con resultado de 3-1. El seleccionado norcoreano se había clasificado por primera vez al Mundial.

Los jugadores norcoreanos vivieron una gran fiesta en Pyongyang, hasta fueron invitados a reunirse con el líder supremo Kim Il-sung, quien les deseó éxito, haciendo énfasis en que no solo representaban a su país, sino a "toda la Asia despierta contra el corrupto mundo occidental". Il-sung también mencionó que esperaba al menos "una o dos victorias", aunque no dejó claro qué pasaría si no se cumplía aquel objetivo.

El grupo donde haría vida Corea del Norte era complicado en extremo. Estaría Chile, que alcanzó el tercer puesto en la pasada edición del Mundial donde fueron locales, además de la Unión Soviética, vigente subcampeona de la Copa Europea de Naciones, e Italia, bicampeona del Mundo con grandes figuras como Sandro Mazzola, Gianni Rivera y Giacinto Facchetti.

La selección norcoreana hizo su estreno en el Ayresome Park de Middlesbrough frente a la Unión Soviética, en un partido donde fueron goleados con marcador de 3-0. El atacante Eduard Malofeyev marcó dos tantos y Anatoliy Banishevskiy sumó un gol.

Chile, que también perdió su primer partido del certamen, enfrentaba a Corea del Norte con la misma obligación de sumar para evitar una prematura eliminación. Previo al encuentro, se vivió una gran tensión, ninguno de los dos equipos quería irse a casa; se sentían obligados a hacer un buen papel en Inglaterra.

Las cosas no empezaron bien para los norcoreanos. El chileno Rubén Marcos convirtió un lanzamiento de penal a los 26 minutos de la primera parte, para adelantar a su equipo en el marcador. El guardameta asiático Lee Chang-Myung, también conocido como "la pantera voladora", tuvo una noche memorable, impidiendo que el equipo sudamericano pudiera aumentar su ventaja.

A dos minutos del final, un centrocampista norcoreano lanzó un balón al área, mismo que fue empalmado por el capitán Pak Seung-zin, dirigiéndolo con fuerza al ángulo del arco custodiado por Juan Olivares.

Corea del Norte cortó una racha negativa asiática de cuatro derrotas y 26 goles encajados en Mundiales, además convirtió el primer gol y sumó el primer punto para un equipo representante del continente. Aquel empate frente a Chile se sintió como un sensacional triunfo.

Los aficionados ingleses del Middlesbrough empezaron a sentir gran simpatía con el equipo norcoreano, gracias a su buen humor, entrega en el campo y el hecho de que vestían de color rojo, igual que el reconocido club inglés. Pocas veces los hinchas han llevado

a un equipo ajeno en su corazón, como los seguidores del Middles-brough llevaron a Corea del Norte.

El próximo y último rival de Corea del Norte era Italia, que cayó derrotada frente a la Unión Soviética en el encuentro anterior. Un empate bastaba a los italianos para trascender a la siguiente fase, aunque no había dudas de que aquella vibrante oncena repleta de figuras internacionales no tendría problemas en superar con comodidad al elenco oriental.

Una vez iniciado el encuentro, Italia empezó a asediar sin piedad el arco norcoreano. Estaban decididos a irse arriba en el marcador lo antes posible, exigiendo al portero Lee Chang-Myung. Aunque el cuadro oriental intentaba acercarse al área rival, los italianos, con defensores como Fachetti y Landini, sumados a un gran arquero como Enrico Albertosi, impidieron cualquier situación de peligro.

Cuando transcurría el minuto 34, el capitán italiano Giacomo Bulgarelli chocó de forma aparatosa con su contraparte norcorea-na, Pak Seung-zin, sufriendo un tirón muscular y siendo retirado de la cancha en camilla. Las sustituciones aún no estaban permitidas, entonces los italianos tuvieron que disputar el resto del encuentro con un hombre menos. Si algo podía suceder para dar vida a las aspiraciones orientales en el partido, la lesión de Bulgarelli significó tal hecho.

Cerca de finalizar la primera parte, el defensor norcoreano Shin Yung-kyoo lanzó un pase largo al área rival, el zaguero Aristide Guarneri falló en el rechazo del balón. El atacante Pak Doo-ik dejó botar el balón en dos ocasiones, para posteriormente rematar con potencia de pierna derecha, venciendo al laureado Albertosi en su poste más lejano.

"Cuando marqué ese gol, la gente de Middlesbrough nos llevó al corazón", dijo el goleador Pak Doo-ik. "Aprendí que jugar al fútbol puede mejorar las relaciones diplomáticas y promover la paz".

El Ayresome Park rugió como nunca tras aquel improbable gol de Pak Doo-ik. "No animan así al Middlesbrough", enfatizó el relator de aquel partido, atónito por la reacción de la hinchada en el estadio.

Entre gritos de apoyo exclamando "¡Corea, Corea!", el combinado asiático logró mantener la ventaja en el marcador, a pesar de los fuertes embistes italianos, desperdiciando dos opciones claras en los minutos finales del encuentro. Corea del Norte dejó fuera a la bicampeona del mundo, para trascender a la siguiente instancia, logrando así una de las mayores sorpresas en la historia del torneo.

"Pak Doo-Ik detonó anoche una de las grandes explosiones del fútbol", relató el periodista Arnold Howe en el *Daily Express*. "Marcó el gol que expulsó a los italianos de la Copa del Mundo. Eso envió a las no-entidades de Corea del Norte a los cuartos de final. Que envió al país de la calma matinal a una noche de frenesí en Middlesbrough".

Los italianos no podían creer lo que estaba sucediendo; tenían un gran equipo que era candidato a convertirse una vez más en campeón del mundo. "Muchos de nosotros lloramos en el vestuario", contó Sandro Mazzola años después.

Ya en cuartos de final, la selección norcoreana se enfrentaba a la Portugal del legendario Eusébio y su gran capitán Mario Coluna. Aunque Corea del Norte ya se sentía satisfecha por pasar de ronda en un grupo tan complicado, crecieron en confianza tras empatar con Chile y derrotar a Italia.

Iniciadas las acciones en el Goodison Park de Liverpool, Corea del Norte no tardó en dar una nueva campanada: Pak Seung-zin recibió un pase rastrero y remató de primera intención al arco portugués, colocando el balón con elegancia en la escuadra del segundo poste. El equipo oriental se adelantaba en el marcador durante el primer minuto de acción.

Tras algunas intervenciones felinas del guardameta norcoreano, el equipo logró emprender un ataque, donde lanzaron un centro al área. El arquero portugués José Pereira salió en falso, permitiendo que el balón llegara en segunda instancia a los pies de Li Dong-woon, quien empujó el esférico al fondo de las redes. Nadie lo po-

día creer: Corea del Norte doblegaba por dos goles a Portugal en 22 minutos de partido.

Tres minutos más tarde, el equipo oriental armó una bonita jugada en campo contrario. Yang Seung-kook recibió el esférico en el área portuguesa, donde hizo un recorte y remató de pierna derecha para enviar el balón al fondo de las redes. Lo que sucedía era insólito. Corea del Norte estaba goleando a Portugal en 25 minutos y hasta el momento sellando su pase a las semifinales, para conformar el selecto grupo de los cuatro mejores del planeta.

Dicen que las leyendas surgen en la adversidad y, ciertamente, Portugal estaba viviendo una auténtica pesadilla en Liverpool. Afortunadamente, contaban con uno de los mejores atacantes de todos los tiempos, Eusébio, ícono y figura del Benfica portugués, quien había marcado la gran cifra de 37 goles en 30 partidos de la reciente temporada europea.

Mientras transcurría el minuto 27, Antonio Simoes envió un pase al área y Eusébio logró convertir para reducir la ventaja norcoreana. La Pantera Negra tomó el balón en el fondo de las redes y rápidamente se dirigió al círculo central, arengando a sus compañeros y haciéndoles creer que era posible remontar aquella desventaja.

Ante la arrolladora ofensiva portuguesa, los nervios empezaron a jugarle en contra a los norcoreanos, quienes cometieron un penal tras derribar a José Torres en su área. En un duelo de "panteras" entre Eusébio y Lee Chang-Myung, Portugal logró recortar el marcador a 2-3 en el minuto 43, gracias a un potente remate de Eusébio, con dirección a su lado izquierdo.

En la segunda parte, Portugal mantuvo su tónica arrolladora en busca del empate y lo consiguieron al minuto 56, una vez más, gracias a Eusébio, quien ingresó al área norcoreana partiendo por la derecha, para sacar un disparo potente con su pierna diestra, batiendo a Lee Chang-Myung en el primer palo.

Tres minutos más tarde, Eusébio realizó una larga corrida en el costado izquierdo, regateando a dos rivales e ingresando al área norcoreana, donde fue derribado, consiguiendo un nuevo lanzamiento desde el punto penal que podría significar el gol de la ventaja. La Pantera negra volvió a rematar a su lado izquierdo para convertir y finalmente poner a su equipo a ganar, con marcador parcial de 4-3.

El luso José Augusto amplió la ventaja para su equipo al minuto 80, para poner cifras definitivas al marcador de 5-3. Portugal avanzaba a las semifinales, mientras que Corea del Norte, con mucho honor, se despedía de la contienda.

Corea del Norte hizo todo en aquel partido, pero la magia de Eusébio, marcando la escandalosa cifra de cuatro goles cuando su equipo estaba abajo por tres, acabó con el sueño norcoreano; sin embargo, el elenco asiático había superado sus expectativas en el torneo, dejando su huella en la Copa del Mundo con una de las actuaciones más recordadas.

Los jugadores norcoreanos fueron bienvenidos en Pyongyang como héroes, centenas de personas los recibieron con flores y aplausos; la alegría reinaba en el aeropuerto, aunque no duraría mucho.

Tiempo después empezaron a circular rumores sobre los jugadores que, tras vencer a Italia, se fueron de fiesta con bebidas y, al final de la noche, se les vio en público con algunas chicas. En Pyongyang las acciones del equipo nacional fueron juzgadas como burguesas y corrompidas por las malas ideas del imperialismo.

En el año 2000, Kang Chol-hwan, quien fuera prisionero en el campamento de concentración norcoreano "Yodok", publicó un libro donde relató todas sus vivencias en aquella tortuosa experiencia. "El calabozo es uno de los castigos más severos que se puedan imaginar y puede ser utilizado como castigo por las ofensas más insignificantes, que parecerían francamente ridículas en el exterior", relató Kang. "Robar tres mazorcas de maíz, responder a la orden de un guardia con insuficiente celo, faltar a un pase de lista, incluso si la ausencia no tenía claramente ninguna mala intención. Cualquiera era motivo suficiente para ser enviado al calabozo".

"Entre los prisioneros que conocí en el campo —continuó Kang— había un exatleta célebre que se hizo un nombre en Yodok, al pasar una larga temporada en el calabozo. Según los rumores, su secreto de supervivencia consistía en comerse todos los insectos que podía encontrar. Sea o no cierto, se ganó el apodo de cucaracha". Se trataba del atacante Pak Seung-zin, quien en 1966 convirtiera goles a Chile y Portugal en aquella epopéyica Copa del Mundo, donde Corea del Norte alcanzó los cuartos de final.

En 2002, algunos miembros del glorioso equipo regresaron a Middlesbrough por primera vez desde 1966, siendo recibidos en el estadio Ayresome Park. Pak Doo-ik, goleador frente a Italia, y algunos de sus compañeros asistieron a una cena especial y fueron ovacionados por la afición del equipo inglés, rememorando lo vivido en aquella Copa del Mundo.

"Las voces de júbilo de los ciudadanos de Middlesbrough [de 1966] permanecen aún frescas en nuestra memoria", expresaron los jugadores norcoreanos en una carta. "Podemos recordar claramente a los habitantes de Middlesbrough que nos dieron una cálida bienvenida, nos apoyaron con entusiasmo durante nuestro partido contra Italia e incluso nos siguieron hasta Liverpool... esperamos verlos en el estadio con los sentimientos cálidos y amistosos de hace 36 años".

CAPÍTULO 9

1970 EL PARTIDO DEL SIGLO

El tiempo de gloria italiano había quedado atrás. Luego de conquistar de forma consecutiva los Mundiales de 1934 y 1938, La *Azzurra* no pudo superar la primera ronda en las cuatro ediciones siguientes.

La victoria del campeonato europeo en 1968 significó para Italia una nueva esperanza de cara al Mundial de 1970. Los dirigidos por Ferruccio Valcareggi se reencontraron con su mejor fútbol, gracias a las brillantes actuaciones de Giacinto Facchetti, Sandro Mazzola y Gigi Riva.

Iniciadas las acciones de la gran cita mundialista de 1970, celebrada en México, el combinado italiano superó la primera ronda como líder de grupo. Dos empates sin goles frente a Uruguay e Israel, sumados a un triunfo contra Suecia con gol de Domenghini, finalmente dieron el pase a Italia para la siguiente ronda, por primera vez en 32 años.

Aunque La *Azzurra* se situó como líder de grupo, todavía existían grandes dudas sobre su juego. En tres encuentros solo pudieron anotar un gol y el empate contra Israel no fue bien visto; sin embargo, el equipo no recibió goles durante la instancia.

En los cuartos de final los esperaba México, país anfitrión. El encuentro se realizó en el estadio Luis Dosal de Toluca, con 2670

metros de altitud, lo que significó una prueba de fuego para los italianos por las condiciones climáticas y la falta de oxígeno.

"Al principio nos costaba, pero luego, cuanto más jugábamos, más nos poníamos en forma", declaró años después el atacante italiano Roberto Boninsegna. "Cuando juegas a dos mil metros (sobre el nivel del mar) tienes que coger ritmo, tienes que entrenar tu cuerpo y tu respiración".

El combinado local se puso por delante en el marcador a los 13 minutos, con gol de José Luis González. Fue en ese momento que Italia empezó a mostrar su mejor juego ofensivo, revirtiendo el resultado con doblete de Gigi Riva y otro tanto de Gianni Rivera, que sumados a un autogol mexicano, sentenciaron el triunfo por 4-1.

Seguía Alemania Federal en las semifinales, un gran equipo conformado por grandes figuras como Franz Beckenbauer, Uwe Seeler y Gerd Müller. Los germanos, vigentes subcampeones del mundo, venían de vengar su derrota frente a Inglaterra en la final de 1966, a quienes vencieron 3-2 en los cuartos de final, celebrados en León.

La ofensiva alemana, encabezada por Gerd "Torpedo" Müller, sumaba 13 goles en cuatro partidos de la competición, mostrándose como una de las serias candidatas para ganar el torneo. Tras doblegar a la Inglaterra de Bobby Moore, Bobby Charlton y Geoff Hurst, los germanos ya se sentían capaces de llevarse el trofeo a casa: "Una vez que has ganado a Inglaterra, sabes que puedes ganar a cualquiera", sentenció Uwe Seeler.

Llegaba el 17 de junio de 1970 y el Estado Azteca de Ciudad de México sería testigo de uno de los partidos más apasionantes en la historia de los Mundiales y el fútbol en general. Algunas de las máximas estrellas del momento estarían luchando por un cupo a la gran final de la Copa del Mundo.

Temprano en el partido, a los ocho minutos, Roberto Boninsegna recibió el balón fuera del área rival y, rodeado por cuatro alemanes, sacó un potente disparo de pierna izquierda, batiendo al temible arquero Sepp Maier, considerado por muchos el mejor en la historia de su país.

Con Italia ganando por la mínima durante todo el encuentro, ambos equipos tuvieron buenas ocasiones ofensivas para sumar en el marcador, aunque fueron los alemanes quienes generaron mayor peligro en el arco rival.

Es recordada la gran atajada del arquero italiano Enrico Albertosi, quien voló a su palo derecho para detener una potente volea de Gerd Müller. Jürgen Grabowski también tuvo una gran ocasión tras un fuerte remate lejano desde la derecha, a 30 metros del arco contrario; no obstante, ahí estaba Albertosi para una vez más detener el balón.

Mientras transcurría el último cuarto de partido, Grabowski sirvió el balón a Wolfgang Overath, quien remató con fuerza al travesaño del arco italiano. En otra acción, el defensor Roberto Rosato detuvo sobre la línea de gol un violento chute de Sigfried Held. Alemania lo había intentado todo y no era posible vulnerar la defensa *azzurri*.

Durante el encuentro, Franz Beckenbauer fue derribado dos veces en el área rival, una ignorada por el árbitro y la siguiente sentenciada como falta, aunque afuera del área. En instancias finales, Uwe Seeler recibió una patada por parte de Mario Bertini; no obstante, el silbante mexicano Arturo Yamasaki volvió a hacer caso omiso, sin dictar la pena máxima.

El delantero Gerd Müller le dijo a Beckenbauer: "Nos están engañando". Beckenbauer, por su parte, tuvo que seguir jugando a pesar de una grave lesión en el hombro y terminó el partido con el brazo en cabestrillo.

En el segundo minuto añadido, cumplidos los 90 reglamentarios, Alemania Federal lograría el empate. Grabowski lanzó un centro al área desde la derecha, que fue empalmado por el defensor Karl-Heinz Schnellinger, finalmente batiendo al inspirado Albertosi.

Irónicamente, un zaguero que en medidas desesperadas se situó en el área rival, logró darle el empate a Alemania. Schnellinger, quien hasta el momento no había marcado un solo gol con el Milan en 222 partidos, se convirtió en el inesperado héroe teutón. "¡Sch-

nellinger, de todas las personas, Schnellinger!", exclamó Ernst Huberty , relator alemán del momento.

"Pensábamos que nos habíamos clasificado y, en cambio, nos fuimos a la prórroga", sentenció Roberto Boninsegna años más tarde. "No se puede encajar un gol así en el segundo minuto del tiempo añadido en una semifinal del Mundial. Pero, en retrospectiva, tenemos que agradecerles, porque fue en la prórroga donde protagonizamos el 'Partido del Siglo'".

Iniciada la prórroga, se vivieron 30 minutos con un fútbol vertical, fiel reflejo de cómo se jugaba en la época, donde la media de remates por partido superaba los 40. En aquel juego rápido y directo, bastaban dos pases para generar un disparo de peligro al arco rival.

"Lo que la gente olvida es lo ordinario que fueron los primeros 90 minutos", declaró Franz Beckenbauer a *The Telegraph* años más tarde. "Lo extraordinario fueron los 30 minutos de la prórroga".

Al transcurrir tan solo dos minutos del tiempo extra, Gerd Müller aprovechó un mal control del defensor Fabrizio Poletti para empujar el balón al arco y darle la ventaja a su equipo, por primera vez en el encuentro.

"Su segundo gol fue el resultado de un malentendido entre nuestro portero y un defensa, y en ese momento fue duro porque pasamos de ir por delante a encajar un gol en el tiempo de descuento, y poco después nos encontramos con que íbamos por detrás ante un rival fuerte como Alemania Occidental", recordó Boninsegna. "Pero aún había tiempo y no nos rendimos. Por suerte, ellos también cometieron un gran error en defensa. Un mal control de uno de sus defensores se convirtió en una asistencia para Burnich y eso puso el 2-2 en el marcador".

Cuatro minutos tras el gol de Müller, Gianni Rivera ejecutó un tiro libre donde lanzó un suave centro al área alemana. El ingresado Sigfried Held intentó controlar de pecho; sin embargo, lo hizo de forma deficiente, sirviendo el gol a Tarcisio Burgnich, quien remató de izquierda para igualar las acciones a 2-2.

Ya se vivía un partido de infarto y el ritmo de aquel no iba a disminuir. Seis minutos luego de empatar, los italianos construyeron una hermosa jugada que partió en su propia mitad de cancha. Gianni Rivera avanzó en el costado izquierdo y lanzó un largo pase rastrero al extremo Angelo Domenghini, quien luego envió un preciso pase aéreo. Gigi Riva controló el esférico y luego dejó atrás al zaguero Schnellinger con un amague, para luego rematar de pierna izquierda con dirección al segundo palo. Italia estaba nuevamente por delante en el marcador. "¡Riva, Riva, Riiiivaaaa!", celebró el relator italiano Nando Martellini.

En la segunda mitad del tiempo extra, Gerd Müller se haría presente una vez más en el marcador. Reinhard Libuda lanzó un córner desde la derecha, Uwe Seeler logró recentrar de cabeza y Müller se lanzó de palomita para, con un testarazo, enviar el balón al fondo de las redes, marcando su décimo gol en el torneo. Alemania Federal volvía a empatar el encuentro: 3-3 al minuto 110.

"Hasta el final de ese partido, el resultado estuvo siempre en juego, tanto si íbamos delante como si íbamos detrás", explicó Gianni Rivera tiempo después. "Todos los partidos son imprevisibles y ese partido lo demostró".

Sacando del medio, Italia hilvanó una de las mejores jugadas en la historia de los Mundiales. Sin dejar que ningún jugador alemán tocara el balón, se combinaron Rivera, De Sisti, Facchetti y Boninsegna en una secuencia de seis pases que duró alrededor de 20 segundos. Tras superar en velocidad al defensor Willi Schulz, Boninsegna entregó un balón rastrero a Rivera, quien remató con derecha desde el punto penal para nuevamente darle la ventaja a La *Azzurra*.

Gianni Rivera recuerda aquel momento, donde a partir de un saque desde el medio, fueron capaces de sorprender a sus rivales. "Fuimos testarudos y después de sufrir el revés de remontar el 3-3 pensamos en aprovechar el momento de euforia de los alemanes occidentales y en atacar inmediatamente, en reaccionar enseguida. Y funcionó".

"Para el gol de la victoria, prácticamente lo hice todo. Aunque Rivera supo mantener la cabeza fría, estar ahí y esperar el movimiento de (el portero alemán) Maier para equivocarse, tuve que ponerle el balón en el punto de penalti", rememoró Boninsegna. "Mantener la cabeza fría y terminar de esa manera demostró la clase de Rivera. Recuerdo que recibí el balón, un pase largo de Facchetti, antes de intercambiar algunos golpes con uno de sus defensores, mientras corríamos juntos hasta llegar cerca de la línea de gol. Ya era difícil disparar, así que puse el balón en el centro esperando que Riva o Rivera estuvieran allí. Por suerte, este último estaba allí".

Con el marcador de 4-3 a favor del elenco italiano, el árbitro Arturo Yamasaki sentenció el final del partido y se sintió una gran algarabía en el Estadio Azteca. Más de cien mil almas en el recinto vivieron un partido de leyenda, que será recordado por siempre como "El partido del siglo".

"Nadie ha olvidado ese partido", dijo Gerd Müller, autor de dos goles en el encuentro y máximo artillero de la contienda. "Todavía me vuelve loco pensar en ello y hasta hoy no me he recuperado".

El arquero italiano Enrico Albertosi, quien protagonizó extraordinarias intervenciones a lo largo del partido, destaca el carácter de su equipo para reponerse una y otra vez, en 120 minutos que jamás olvidará. "Con Alemania fue un partido inolvidable, no tanto por los 90 minutos reglamentarios, sino por los 30 minutos adicionales en los que hubo increíbles alternancias de goles. Una vez que nos pusimos en desventaja, todo el mundo nos dio por muertos y, en cambio, conseguimos remontar y ganar ese partido, en mi opinión, merecidamente. Siempre tengo en mente esos 120 minutos: lo que hice, lo que no hice y lo que podría hacer más. [...] Son partidos que no se olvidan".

En la actualidad, el Estado Azteca posee una placa en una de sus paredes, donde se recuerda el legendario encuentro que ahí se efectuó hace poco más de 50 años atrás: "El estadio Azteca rinde homenaje a las selecciones de Italia (4) y Alemania (3), protagonistas en el Mundial de 1970 del PARTIDO DEL SIGLO. 17 de Junio de 1970".

BRASIL DEL 70, EL MEJOR DE LOS MUNDIALES

Tras conquistar dos Copas del Mundo consecutivamente en 1958 y 1962, la selección brasileña sufrió un gran golpe anímico. Durante la edición de 1966, la *verdeamarelha*, con diversas figuras campeonas del mundo como Djalma Santos, Pelé y Garrincha, se quedó fuera en la primera ronda de competencia, cayendo derrotada frente a Portugal y Hungría.

La selección estaba en crisis, el fiasco de 1966 los mandó del cielo a la tierra y volver a levantar la Copa del Mundo se convirtió en una obsesión nacional. Tanto el pueblo como el gobierno y el mismo equipo sentían que Brasil debía regresar al sitial donde merecía estar: la cima.

En 1969, la antigua Confederación Brasileña de Deportes apuntó a João Saldanha como nuevo seleccionador nacional, asumiendo la responsabilidad de guiar al equipo a la gloria.

Bajo el mando de Saldanha, la selección brasilera realizó una magnífica eliminatoria sudamericana, liderando su grupo con seis triunfos en la misma cantidad de partidos, recibiendo solo dos goles y anotando la inmensa cantidad de 23 tantos. Tostão marcó diez dianas, mientras que Pelé sumó seis en la competición.

Cuando todo parecía apuntar a una buena Copa del Mundo en 1970, empezaron los problemas para el entrenador Saldanha, quien poco a poco empezó a mostrar discrepancias con Pelé, cara del equipo y gran figura del fútbol mundial.

Saldanha buscaba modernizar el fútbol brasileño, adoptando aquel estilo europeo que los doblegó en la edición anterior. El entrenador consideraba que en el viejo continente se perfeccionó y superó el estilo sudamericano, por lo que era necesario cambiar a un juego más físico y defensivo.

"No es fácil cambiar el carácter nacional, quizá sea peligroso. Pero tal vez tengamos tiempo de cambiar esto", declaró Saldanha en aquel momento. "Si tenemos tiempo suficiente, quizá podremos jugar igual que los europeos, o sea, organizadamente".

Entre algunos de los cambios tácticos que Saldanha pretendía ejecutar, estaba la transición de Pelé a jugar como centro delantero, restando libertad a *O Rei* para influir en el juego brasileño. Esta y muchas otras decisiones deterioraron aún más la relación entre Pelé y su entrenador, quienes tuvieron diversos encontronazos, pues no se llevaban bien.

"No es que no me guste la posición, creo que estando preparado físicamente podría venir desde atrás y atacar", afirmaba Pelé frente a los medios. "Lo que pasa es que yo he jugado 15 años viniendo desde atrás, y cambiar así mi manera de jugar, de un momento a otro, no es posible".

La situación se calentó aún más cuando Saldanha declaró a un periodista que estaba muy preocupado porque, según exámenes, Pelé no estaba bien de la vista y que de esa forma no podía jugar.

O Rei estaba furioso, pues aquella deficiencia visual no era cierta. "A mí me pareció que fue incluso malintencionado, pero él tenía que hacer algo y justificarse, y lo logró, porque hubo un gran alboroto", explicó Pelé en un programa de televisión de la época.

Al estar en "jaque" la participación de Pelé en la próxima Copa del Mundo, el gobierno brasileño tuvo que intervenir y cesar de su cargo como seleccionador nacional a João Saldanha. A pocos meses de iniciar el magno evento, a celebrarse en México, Brasil no tenía entrenador y el panorama era gris.

"Cuando la CBD me llamó, muchos dijeron que preferían a otros, es lo que yo llamo el derecho de opinar. Yo no soy un niño y no soy de renunciar", declaró Saldanha. "El presidente y yo tenemos muchas cosas en común, somos gauchos, somos de Gremio, nos gusta el fútbol. Pero yo no escojo a sus ministros ni él escoge a mi equipo. Así nos entendemos bien".

En una medida arriesgada y un tanto improvisada, la Confederación Brasileña de Deportes apuntó a Mário Zagallo como nuevo seleccionador nacional. Zagallo, como jugador junto a Pelé y Garrincha, levantó la Copa del Mundo en 1958 y 1962.

Tras los ásperos episodios vividos con Saldanha, donde los jugadores nunca se sintieron cómodos con las nuevas metodologías y decisiones técnicas, la CBD apostó por un excompañero que pudiera lograr una buena armonía en el grupo, potenciando lo mejor de cada jugador.

"Asumí faltando dos meses. Pelé dijo que estaba molesto por lo que estaba saliendo en los periódicos y lo que había dicho Saldanha respecto a él, que estaba ciego. Quería dar una respuesta", recordó Zagallo en el documental *Pelé*. "En nuestro primer entrenamiento, él me puso la mano en el hombro y me dijo: 'Zagallo, no me vayas a joder'. Yo le dije: 'Tú eres único, yo no te voy a excluir nunca, tú me ayudarás a ser campeón'".

Brasil contaba con gran calidad en sus filas; sin embargo, Saldanha no se atrevió a ubicar sus mejores y más talentosos en el 11 inicial, temiendo fragilidad defensiva. De ahí nacía su rigidez en cuanto a estilo, buscando un plan más estructurado, similar al europeo.

De entrada, Zagallo tomó la determinación de juntar a todo el talento brasileño bajo un esquema prototipo del moderno 4-2-3-1, aunque este tendría diversos mecanismos de rotación que lo hacían un sistema impredecible y dinámico.

Piazza pasó del centro del campo a la defensa, otorgando mejor salida de balón, mientras que Clodoaldo tomó el puesto de centrocampista de contención, cortando el juego del rival en la zona. Gerson asumió el rol de "regista" que, gracias al equilibrio brindado por Clodoaldo, fue el creador del juego a partir de la primera línea de volantes.

"El fútbol evolucionó mucho en el sentido táctico. En 1970, muchos equipos ya jugaban con dos o tres centrales de mentalidad más defensiva", analizó Clodoaldo. "Pero Zagallo dio a nuestro

equipo una mentalidad más ofensiva. Yo era el único centrocampista que podía cubrir eficazmente, un jugador que normalmente se sentaba atrás y ayudaba a cubrir a los laterales".

Mientras que Rivelino y Jairzinho fungían como falsos extremos, cortando desde afuera hacia adentro; permitían la proyección en ataque de los laterales, Carlos Alberto y Everaldo.

"En 1970, teníamos prácticamente 11 estrellas en el campo", comentó Jairzinho en entrevista con AFP. "Éramos el único equipo del mundo que tenía cinco números 10 jugando juntos. Pero el fútbol ha cambiado, en ese entonces era mucho más ofensivo".

Pelé y Tostão partieron como delanteros que se rotaban en la posición de enganche según lo pidiera el partido, buscando asistir o facilitar el trabajo ofensivo del resto de sus compañeros, especialmente Rivelino y Jairzinho, quienes constantemente entraban al área. Cuando se perdía la posesión, todos menos Tostão se colocaban detrás de la línea del balón, formando un bloque compacto.

"Cuando llegó Zagallo, una vez que estaba en forma, me dijo que iba a ser el suplente de Pelé, porque jugábamos en la misma posición. Pero una vez que estuvimos en México, jugué bien en un amistoso y me dijo que iba a ser un número 9, un delantero", dijo Tostão en entrevista con FIFA. "Nunca había jugado esa posición en mi vida. Tuve que adaptarme. No era un delantero centro arquetípico, físico y rematador de área, sino que jugaba como facilitador de Pelé y Jairzinho, que siempre irrumpían en el área. Yo prefería recibir el balón más atrás y crear juego, pero el cambio era necesario. Afortunadamente, me adapté bien".

Iniciada la Copa del Mundo de México 70', el combinado brasileño reeditaba la final de 1962, enfrentando a Checoslovaquia en Guadalajara, buscando empezar con el pie derecho y dejar atrás los fantasmas de 1966. Los europeos se adelantaron en el marcador a los 11 minutos, generando una gran tensión en la *verdeamarelha*, que no había sido capaz de ganar en sus dos últimos partidos mundialistas.

Transcurriendo el minuto 24, Rivelino rompió el cero con un magnífico disparo de tiro libre. A partir de ese momento, Brasil poco a poco empezó a mostrar su vistoso juego ofensivo, inquietando el marco del arquero Ivo Viktor. En la segunda parte, Pelé y Jairzinho en dos ocasiones marcaron los goles del triunfo 4-1. Brasil volvía a alzar su mano como contendiente.

La verdadera prueba de fuego en la primera fase llegaría frente a Inglaterra, vigente campeona del mundo, que aún contaba con grandes figuras como Bobby Moore, Gordon Banks y Bobby Charlton. Ambos venían de ganar su primer encuentro, por lo que una victoria prácticamente sellaba el pase a la siguiente ronda.

Tras un disputado primer tiempo sin goles, Brasil logró adelantarse en el marcador al minuto 59, en una hermosa jugada que simbolizó lo que pretendía plasmar el entrenador Zagallo en la cancha. Tostão, rodeado por tres ingleses, recibió el balón al borde del área rival, ahí lanzó un caño y regateó a otro defensor, y estando de espaldas al arco, lanzó un centro que controló Pelé en el punto penal. *O Rei* arrastró tres marcas, liberando por derecha a Jairzinho, asistiéndolo para convertir el único tanto del encuentro y obtener el triunfo.

"Inglaterra era la campeona y un equipo aún mejor que en 1966, así que ganarles nos llenó de confianza", dijo el capitán brasileño Carlos Alberto. "Además, nos permitió ganar el grupo y quedarnos en Guadalajara para los cuartos de final y las semifinales, y evitar los problemas de altitud en Ciudad de México. Nos habíamos entrenado en altitud para aclimatarnos cuando llegamos a México, pero permanecer tanto tiempo en altitud es agotador. Nuestro equipo médico lo tenía todo planeado. Después de vencer a Inglaterra, sabía que podíamos ganar".

Asegurada su presencia en los cuartos de final, Brasil superó a Rumania con marcador de 3-2, gracias a dos tantos de Pelé y uno de Jairzinho. Hasta el momento, los dirigidos por Zagallo sumaban pleno de victorias en tres partidos, con ocho goles a favor, tres en contra y, más importante aún, mostrando un buen juego en México.

En los cuartos de final seguía la selección de Perú, gran equipo liderado ofensivamente por un joven Teófilo Cubillas, que hasta el momento sumaba cuatro anotaciones. El zaguero y el capitán peruano Héctor Chumpitaz le otorgaban al equipo una gran voz de mando en la zona defensiva, haciéndolo un equipo además compacto.

El duelo era especial: en un banquillo se encontraba Mário Zagallo y en el otro Didi como seleccionador de Perú. Zagallo y Didi fueron piezas claves de Brasil en sus primeras y únicas dos conquistas mundiales hasta el momento, logradas en 1958 y 1962.

Brasil se adelantó en el marcador gracias a un gran remate lejano de Rivelino, quien tras recibir un pase de Tostão, golpeó el balón con la cara externa del pie izquierdo, ajustándolo al poste más lejano del arco custodiado por Luis Rubiños.

"Su disparo era excepcional, tenía el apodo de 'patada atómica', era atronador", contó Tostão a FIFA, recordando el tanto de Rivelino. "Marcó muchos goles desde fuera del área. Brasil ha tenido algunos tiradores increíbles: Nelinho, Éder, pero el de Rivelino era tan feroz y colocaba sus tiros; eran tan precisos. Sus disparos eran otra cosa, esa era una de las cualidades de Rivelino. Era magnífico, muy inteligente, tenía una habilidad tremenda, era un gran pasador, un jugador completo".

Con Tostão en plano estelar, anotando dos goles, Brasil superó a Perú con marcador de 4-2 para avanzar a las semifinales, donde se enfrentaría a Uruguay, el combinado que los derrotó en el fatídico Maracanazo de 1950.

Uruguay, que contaba con un gran arquero como Ladislao Mazurkiewicz, venía de conquistar la Copa América de 1967 y ya se mostraba como seria candidata a ganar el Mundial de 1970, tras empatar con Italia en fase de grupos y doblegar a la Unión Soviética en los cuartos de final.

La Celeste se adelantó rápido en el marcador por medio de Luis Cubilla, quien marcó tras un pase de Julio Morales. El seleccionado uruguayo se defendió de forma férrea, cortando los circuitos del juego brasileño e impidiendo cualquier acción de peligro para sostener la ventaja mínima.

A pocos minutos de finalizar la primera parte, una serie de movimientos en la formación brasileña surgieron como posible solución para empatar el encuentro. El centrocampista Clodoaldo recuerda aquel momento: "Carlos Alberto nos llamó a Gérson y a mí y me dijo: 'Mira, tienes que jugar más en ataque y Gérson jugará un poco más profundo, porque Uruguay está marcando demasiado a Gérson y no está pudiendo jugar. Entonces, cambiaremos sus posiciones'".

Instantes después de aquella modificación, Clodoaldo trasladó el balón a campo contrario, jugando un uno-dos con Tostão, para luego recibir el balón y marcar el empate a los 44 minutos. Jairzinho anotó al minuto 76, nuevamente a pase de Tostão, mientras que Rivelino aumentó la ventaja a 3-1 en el minuto 89, para alcanzar la final de la Copa del Mundo.

"Contra Uruguay di dos de los goles con pases decisivos y proporcioné el pase a Pelé cuando casi marcó tras burlar al portero", recordó Tostão en entrevista con FIFA. "No actué como un delantero tradicional, sino que fui más bien un facilitador, un creador de juego".

A un solo triunfo de alcanzar la máxima gloria, Brasil debía enfrentar a la poderosa Italia en el Estadio Azteca, aunque esta llegaba diezmada tras derrotar a Alemania Occidental en la prórroga del recordado "Partido del Siglo", jugado en la altura de Ciudad de México.

Italia, dos veces campeona del mundo hasta el momento, contaba con un equipo repleto de talento: Giacinto Facchetti, Sandro Mazzola, Gigi Riva, Gianni Rivera y muchos otros. Tarcisio Burgnich, defensor italiano encargado de marcar a Pelé, no temía en lo absoluto a *O Rei*: "Me dije antes del partido que (Pelé) está hecho de piel y hueso como todos los demás. Pero me equivoqué", recordó Burgnich.

"Estaba Pelé, pero Brasil era vencible", comentó Gianni Rivera. "Ya les habíamos ganado antes y con el Milan había vencido al Santos de Pelé. El problema es que muchos jugadores estaban cansados ese día, no se habían recuperado (de la semifinal frente a Alemania)".

18 minutos luego de iniciado el encuentro, Rivelino desde el flanco izquierdo lanzó un centro al área italiana y ahí estaba Pelé, quien brincó superando a Burgnich y se mantuvo suspendido en el aire para cabecear el balón y adelantar a Brasil.

"Pelé no es muy alto, pero tuvo tiempo, un cabezazo para quedarse en suspensión como los jugadores de baloncesto", recordó el arquero italiano Enrico Albertosi. "En cuanto al gol que me marcó en la final, al ver que Burgnich no llegaba a atrapar ese balón, me dije: 'Él tampoco la coge'. Pero en cambio la alcanzó y la cerró bien en el primer palo, y yo, desgraciadamente, llegué un poco tarde, por estar convencido que de no haberla cogido Burgnich, no le habría llegado a Pelé".

La *Azzurra* no iba a rendirse, mucho menos tras vivir un frenético partico frente a los Alemanes en las semifinales. Mientras Brasil se disponía a salir jugando desde su campo, Clodoaldo intentó lanzar un pase de tacón y el lujoso intento salió caro: el artillero italiano Roberto Boninsegna logró robar el balón, batiendo al portero Félix que había salido de su arco. Italia empataba el encuentro a los 37 minutos y se mantendría el 1-1 hasta el descanso.

"La primera parte fue más dura. Italia nos marcaba individualmente y no tuvimos muchas ocasiones. Dondequiera que fuera un jugador brasileño, había un italiano justo detrás de él", analizó Tostão. "Pero este tipo de marcaje cansa y en la segunda parte el marcaje no fue tan estricto".

En la segunda parte, el enérgico equipo italiano se fue diluyendo ante la sofocante falta de oxígeno a 2200 metros sobre el nivel del mar. En el minuto 66, Gérson tomó el balón desde fuera del área y remató de pierna izquierda al segundo palo: nada pudo hacer Albertosi y Brasil se adelantaba nuevamente en el marcador.

A partir de ese momento, el combinado italiano decayó considerablemente, mientras que Brasil se encontraba inspirada, alcanzando su máximo nivel y mejor juego en el partido. Al minuto 71, Gérson lanzó un largo pase al área desde el centro del campo, colocado con extrema precisión en la cabeza de Pelé, quien entregó el balón a Jairzinho frente al arco para enviarlo al fondo de las redes. La *verdeamarelha* ganaba 3-1 y estaba cerca de ser nuevamente campeona del mundo.

"Después del tercer gol, el que puso fuera del alcance de Italia, la emoción me embargó. Empecé a llorar y no podía parar", recordó Tostão. "Pensaba en todo lo que había pasado para llegar a ese Mundial, en lo cerca que estuve de perderlo. Viajé por todo el mundo para operarme el ojo. Estuve muy cerca de no poder ir y casi no me convocan. Fue muy difícil acostumbrarse a jugar de nuevo. Cuando me di cuenta de que íbamos a ser campeones del mundo, no pude dejar de llorar".

El tercer gol brasileño fue la estocada final para provocar la rendición de un equipo italiano que, sin piernas y abrumado por el dinámico juego brasileño, sucumbió al transcurrir los minutos finales del encuentro.

"En la segunda parte, tras la ventaja de ellos, hicieron inmediatamente el 3-1 y entonces nos rendimos", confesó el arquero italiano Albertosi. "Veníamos de partidos jugados a dos mil y dos mil quinientos metros sobre el nivel del mar, mientras que Brasil siempre había jugado a nivel del mar. Un equipo que juega entre cinco y seis partidos a dos mil y dos mil quinientos metros sobre el nivel del mar, como ocurrió con Italia, acaba acumulando demasiado cansancio".

Aunque la victoria estaba prácticamente sellada, el combinado amazónico tenía una última obra de arte por pintar en el césped del Estado Azteca. Al minuto 86, el capitán Carlos Alberto marcó uno de los goles más hermosos de todos los tiempos en la Copa del Mundo.

Clodoaldo, quien formó parte de aquella maravillosa jugada, rememora la inmortal anotación: "Italia presionaba mucho y nos cerraba, así que cuando pude driblar a cuatro o cinco italianos, se abrió el espacio y pasé el balón a Rivelino, que lo entregó a Jairzinho; fue una jugada bien planeada por el equipo. Él se la pasó a Pelé y Pelé le pasó el balón a Carlos Alberto. Entonces había una pequeña abolladura de hierba elevada en el campo que hizo que el balón rebotara perfectamente para Carlos Alberto y lo golpeó para nuestro cuarto gol del partido. Esta jugada, este gol es considerado hasta hoy por la FIFA como uno de los más bellos de la historia de los Mundiales".

"Pelé y yo jugamos tan a menudo juntos que él sabía dónde estaba yo, no necesitaba gritarle", recordó sonriente Carlos Alberto. "Me vio venir y rodó su pase delante de mí para que no tuviera que detener la zancada, y lo rematé perfectamente".

Frente a una multitud de 107 412 espectadores en el Estadio Azteca, Brasil se coronaba como campeona mundial por tercera vez en su historia, tras realizar un mágico torneo donde ganaron todos sus partidos jugando un fútbol dinámico y demoledor.

"Bueno, perder una final de la Copa del Mundo no ocurre todos los días. Al final de la primera parte, íbamos 1-1", mencionó Boninsegna, quien además lamentó la ausencia de Gianni Rivera desde el arranque. "No jugar con Rivera en la final fue un gran error, increíble. El año anterior había ganado el Balón de Oro, era uno de los mejores jugadores del mundo".

En cuestión de meses, la selección brasileña pasó de vivir tormentosos momentos bajo el mando de João Saldanha, a alcanzar la gloria en México, dejando una importante huella en la Copa del Mundo, siendo el Brasil del 70', con Pelé como gran protagonista, considerado como el mejor equipo de todos los tiempos.

"Pelé jugó increíblemente bien. Gérson, el organizador de la Seleção en el centro del campo, también tuvo un Mundial increíble", reflexionó Tostão, quien hizo un Mundial memorable. "Jairzinho fue excepcional, marcó en todos los partidos; Rivelino también. Diría que esos cuatro jugadores fueron los mejores, pero Pelé estaba a otro nivel con respecto a todos".

Con esta tercera conquista, tras sus triunfos en los Mundiales de 1958 y 1962; Brasil se convirtió en la selección más laureada del mundo, superando a Italia y Uruguay, que tenían dos campeonatos cada una. Brasil también se ganó el derecho a conservar el Trofeo Jules Rimet de forma permanente.

El entrenador brasileño Mário Zagallo, quien tomó el mando del equipo a pocos meses de iniciar el torneo, fue el primer futbolista que se proclamó campeón del mundo como jugador (1958, 1962) y como entrenador (1970). Pelé terminó su carrera como el primer (y hasta ahora único) tricampeón de la Copa del Mundo.

CAPÍTULO 10

1974 ZAIRE

Los jugadores africanos tienen un gran impacto en el fútbol de primer nivel en la actualidad. Ya se ha hecho costumbre ver jugadores de élite en los principales equipos del mundo, como Samuel Eto'o, Didier Drogba, Yaya Touré y Mohamed Salah, por mencionar algunos.

Aunque al día de hoy es común ver selecciones africanas en los Mundiales con buenos jugadores en sus filas, no siempre fue así; de hecho, la actuación de dichas naciones en las copas del mundo tardó en ofrecer balances positivos.

Antes del Mundial de 1974, a celebrarse en Alemania Occidental, los países africanos no habían sido capaces de ganar un partido mundialista: Egipto se despidió en 1934 con un revés 4-2 frente a Hungría, mientras que Marruecos logró empatar frente a Bulgaria en 1970; no obstante, cayeron derrotados en sus otros dos compromisos.

En las eliminatorias africanas para la Copa del Mundo, hubo un equipo que sorprendió a propios y extraños con su fútbol enérgico y ofensivo: Zaire, hoy conocida como la República Democrática del Congo.

Mobutu Sese Seko, presidente de aquel país, que se mantuvo durante décadas en el poder, tenía el sueño de llevar al recién for-

mado Zaire a la Copa del Mundo. Mobutu realizó una importante inversión para desarrollar y potenciar su equipo, objetivo que consiguió con éxito.

Zaire se clasificó a la Copa del Mundo tras doblegar a Togo, Camerún y Ghana en las rondas preliminares, para posteriormente liderar el grupo final sobre Zambia y Marruecos. Meses antes del Mundial de 1974, Zaire se alzó con la Copa Africana de Naciones, gracias al atacante Ndaye Mulamba, apodado Mutumbula, que significa "asesino", marcando nueve tantos en seis encuentros.

Aunque se percibía una gran esperanza de cara a la Copa del Mundo en el país africano, los medios de comunicación no se mostraron muy entusiasmados con su participación. A pesar de la decente actuación de Marruecos en el pasado Mundial, el fútbol africano se consideraba totalmente inferior al europeo y al sudamericano en la década de los 70.

João Havelange había sido electo como primer presidente no-europeo de la FIFA, gracias a la ayuda de votos en países subdesarrollados, donde logró calar gracias a la promesa de expandir la Copa del Mundo. El elitismo europeo no vio con buenos ojos la medida, ya que comprometía la participación de sus potencias en los Mundiales.

Inglaterra, que había ganado la Copa del Mundo ocho años atrás, se quedó fuera del Mundial de 1974, luego de ser superada por Polonia en las eliminatorias europeas. El combinado británico mostró su descontento al ver a selecciones menores como Haití y Zaire entre los equipos participantes del torneo. Un periódico afirmó: "Nadie los toma en serio (a Zaire), con un brujo en la banda y tres aviones cargados de monos para proporcionarles comida".

El presidente Mobutu era optimista de cara a la Copa del Mundo, pues su selección había dominado el plano continental, ganando la Copa Africana y liderando las eliminatorias; sin embargo, creía que el equipo podía dar más, considerando que Zaire era un auténtico competidor para llevarse el trofeo a casa.

La suerte no acompañó a los africanos desde el sorteo: debían disputar el grupo de la muerte frente a la complicada Escocia de Denis Law, la Yugoslavia de Dušan Bajević y el poderoso elenco brasileño, vigente campeón, con figuras como Rivelino y Jairzinho, pertenecientes a la generación dorada de 1970.

Previo al debut, los medios en Escocia mostraron que estaban confiados de vencer a Zaire. "Si no podemos vencer a Zaire, deberíamos hacer las maletas e irnos a casa". El equipo africano pudo sostener el empate durante 25 minutos, hasta que los escoceses lograron marcar dos tantos para llevarse el triunfo 2-0.

En vísperas del segundo partido, frente a Yugoslavia, se vivió alta tensión en el seno de la selección de Zaire. Según el defensor Mwepu Ilunga, a los jugadores se les informó que no se les pagaría tras la derrota inicial por 2-0 contra Escocia. Esto hizo que los jugadores zaireños se negaran a jugar.

"Éramos conscientes de que todos los equipos recibían una gran prima de clasificación [de la FIFA y que pasaba parcialmente a los jugadores] de medio millón de dólares. Ese era nuestro dinero. Llevábamos días pidiéndolo. Compartíamos el mismo hotel con los jugadores de Haití y cada día los veíamos llegar de vuelta con bolsas llenas de regalos: joyas, radios, ropa, comprados con su prima", confesó el centrocampista Raoul Kidumu. "Mientras tanto, nuestro Ministro de Deportes corría de un lado a otro con su bolsa de viaje. Estaba arreglando los asuntos financieros con la FIFA. La víspera del partido con Yugoslavia nos convocó a una reunión. Pensamos: '¡Por fin!', hasta que dijo que tenía que compartir algo con nosotros. 'En cuanto al dinero, se enviará directamente a Zaire'. Entonces supimos que no veríamos ni un céntimo. Todos los jugadores estaban enfadados, incluido yo mismo. No jugaríamos contra Yugoslavia. Un equipo en los campeonatos del mundo nunca había renunciado antes. Estábamos decididos a ser los primeros".

Se dice que la FIFA intervino, pagando unos 3000 marcos alemanes a cada jugador para que salieran al campo y salvara la reputación del torneo. El presidente zaireño Mobutu también ejerció una

fuerte presión sobre el combinado nacional para que disputaran el encuentro contra Yugoslavia.

"El presidente estaba enfadado. ¿Una huelga? Dijo que vería el partido al día siguiente por televisión. Me dijo que estaría pendiente de si entrábamos o no en el campo", explicó Raoul Kidumu. "Parecía una amenaza, así que cedimos. Teníamos miedo de las consecuencias. Ni siquiera por nosotros mismos, sino por nuestras familias en Zaire. Así que nos presentamos al partido. Pero hay que entender que nuestra moral estaba por los suelos".

Los relatos de los jugadores sugieren que los funcionarios del gobierno los amenazaron. Si perdían por más de tres goles, no se les permitiría volver a Zaire y se les retiraría el pasaporte. Las imágenes del partido, con este conocimiento, son mucho más oscuras.

Zaire no tuvo oportunidad frente a los yugoslavos, quienes abrieron el marcador a los ocho minutos y siguieron convirtiendo hasta lograr un abultado 9-0, en ese momento la mayor goleada en la historia de los Mundiales, superada ocho años después por el 10-1 de Hungría a El Salvador.

"Después del partido, él (Mobutu) envió a sus guardias presidenciales para amenazarnos", recordó el defensor zaireño Mwepu Ilunga. "Cerraron el hotel a todos los periodistas y dijeron que si perdíamos 0-4 contra Brasil, ninguno de nosotros podría volver a casa".

Ya eliminado, Zaire debía jugarse el orgullo frente a los brasileños, quienes no empezaron bien el torneo tras dos empates sin goles. Aunque el contexto no podía ser peor, los jugadores zaireños querían limpiar su reputación en su último partido.

Brasil se adelantó rápido en el marcador con gol de Jairzinho y los zaireños se mantuvieron ordenados para sostener la desventaja mínima hasta el descanso. Aunque la *verdeamarelha* estaba ganando, necesitaba lograr una ventaja de tres goles para asegurar su puesto en los cuartos de final.

Rivelino convirtió al minuto 66 y luego se produjo una de las situaciones más bizarras en la historia de los Mundiales. Brasil consigue un tiro libre a 25 metros del arco rival. Antes de que Rivelino pudiera ejecutar su disparo, el defensor zaireño Mwepu Ilunga salió de la barrera a toda velocidad y pateó el balón con todas sus fuerzas.

El reconocido comentarista de la BBC, John Motson, tildó esta acción como "un extraño momento de inocencia africana"; sin embargo, la finalidad era otra. Décadas después, Ilunga explicó que era consciente del reglamento y que esperaba ser expulsado en un acto de protesta. Otros afirman que fue una táctica para perder tiempo.

A 11 minutos del final, el brasileño Valdomiro lanzó un débil centro al área rival. El balón iba con dirección al arco, aunque sin peligro al primer poste; no obstante, el arquero zaireño Kazadi Mwamba no pudo detenerlo, dejándolo pasar para otorgar el tercer gol brasileño.

"Empezamos el partido con la intención de demostrar al mundo que sabíamos jugar al fútbol. En el descanso solo había un 1-0. Pero el entrenador nos engañó a todos, junto con el portero adulteró el juego", recordó el jugador zaireño Raoul Kidumu. "Kazadi, nuestro portero, lo confesó después. Brasil tenía que ganar por al menos tres goles para clasificarse y lo consiguió. Deberían volver a ver los dos últimos goles. Un ciego podría haber parado esos balones".

El sueño mundialista había terminado para Zaire con tres derrotas en tres encuentros, 14 goles encajados y ninguno anotado. En lugar de ser bienvenidos en su país como grandes figuras, como ocurrió tras la conquista de la Copa Africana, fueron recibidos por un camión militar, para posteriormente ser llevados al palacio presidencial, donde los esperaba Mobutu.

"Nos miró por encima del borde de sus gafas, como un padre enfadado con sus hijos: '¿Así que pensaban que se iban a revelar? Les he dado una casa y un auto'. Estaba furioso", explicó el capitán Raoul Kidumu. "Ningún jugador se atrevió a hablar. Había un silen-

cio sepulcral. Al final le pedí suavemente la palabra y me disculpé por lo ocurrido. Es lo único que podía hacer. Terminó diciendo: 'La próxima vez los meteré a todos en la cárcel'".

El plantel fue castigado y ninguno de los jugadores pudo salir del país. En los puertos y aeropuertos de Zaire se mostraba una lista con sus nombres para ser identificados. Esta medida acabó con el sueño de aquellos futbolistas que, militando en el campeonato local, habían recibido ofertas del extranjero tras la Copa Africana y el Mundial.

Finalizada la Copa del Mundo de 1974, Mobutu perdió el interés por el fútbol y dejó de utilizar activamente a la selección nacional como herramienta política para promover su régimen. En 2012, una organización benéfica recaudó dinero para que los jugadores sobrevivientes de aquella generación, recibieran una pequeña pensión cada mes de un par de cientos de dólares.

LA NARANJA MECÁNICA

El fútbol, como deporte evolutivo en todos sus aspectos, siempre está sujeto a cambios en el juego, gracias a las circunstancias y contextos de cada época o momento. La Copa del Mundo de 1974 fue testigo de un equipo cuyo legado táctico se mantiene más vigente que nunca, demostrando una vez más que el sistema y la suma de las partes en un equipo, trabajando como un todo, siempre serán más que cualquier aspecto individual.

Tras un largo período de 24 años y seis ausencias en la Copa del Mundo, la selección de Holanda, en aquel momento dirigida por el checo František Fadrhonc, soñaba con finalmente romper la mala racha y asistir al torneo de 1974 a celebrarse en Alemania Occidental.

El camino al Mundial fue áspero, viendo a Holanda combatir cara a cara con Bélgica, en un grupo donde se enfrentaron en la última jornada cuando estaban igualados en puntos. Los equipos empataron en un polémico 0-0, tras ser anulado un gol legal belga por fuera de juego. Holanda se clasificó a la Copa del Mundo por diferencia de goles, con una nutrida generación de jugadores formados por el Ajax y el Feyenoord, donde destacaban, entre otros, Johan Cruyff, Johan Neeskens y Rinus Israël.

"Antes de empezar el Mundial, decían que nos volveríamos a casa después de jugar los tres primeros partidos. En los partidos de preparación nos ganó hasta Austria, llegamos a empatar e incluso a perder algunos amistosos con equipos alemanes de Segunda División", recordó Johan Neeskens a *El País*. "Pero había muy buenos equipos en aquella época, como Polonia o Brasil. Nosotros no éramos tan buenos. Incluso nos clasificamos para el Mundial porque le metimos nueve goles a Islandia y ocho más a Noruega, y superamos en el *goal-average* a Bélgica, a la que no le ganamos ni un partido".

La KNVB (Real Asociación Neerlandesa de Fútbol) tenía poca confianza en František Fadrhonc y decidió cesarlo de su cargo como seleccionador a cuatro semanas del Mundial, en lo que fue una medida bastante arriesgada. Los directivos neerlandeses consideraban que el equipo tenía mayor potencial al mostrado en eliminatorias, y sabían del hombre perfecto para asumir el cargo de entrenador: Rinus Michels.

Michels dominó el fútbol holandés en los años 60 e inicios de los 70, conquistando cuatro ligas locales, tres copas y una Copa de Europa con el Ajax de Ámsterdam, donde Cruyff y Neeskens, jugadores activos del combinado nacional, fueron figuras y artífices de los mencionados logros. Años más tarde, también de la mano de Cruyff, Michels llevó al Barcelona a ganar La Liga de 1974, viviendo una etapa exitosa durante la toma de su cargo como seleccionador neerlandés.

La revolución táctica de Michels empezó con el "fútbol total", que depende en gran medida por la capacidad de adaptabilidad de sus jugadores, siendo capaces de cambiar rápidamente de posición para cubrir espacios y ejercer múltiples funciones en un partido. En pocas palabras, debía potenciar a sus futbolistas para ser técnicamente diversos y físicamente aptos para atacar y defender en conjunto.

"Acosar sin tregua ni respiro al adversario para recuperar la posesión del balón y no ceder a ningún precio la iniciativa del ataque al contrincante", explicaba Michels. "Contando con dos requisitos básicos: un espíritu de lucha inquebrantable y una perfecta preparación física, sin los cuales el sistema se derrumba irremediablemente".

En el tradicional 4-3-3 de Michels, se podía observar a Cruyff como centro delantero en el esquema inicial; sin embargo, sus funciones lo llevaban a moverse libremente en el campo, sacando el mayor provecho de zonas débiles del rival para crear ocasiones de peligro. El resto de los jugadores se adaptaban a los movimientos de Cruyff, para garantizar solidez defensiva, movimientos tácticos y espacios cubiertos.

El veloz Jonny Rep ocupaba el extremo derecho mientras que Rob Rensenbrink hacía lo mismo por la izquierda. Los laterales Wim Suurbier y Ruud Krol se sumaban a las jugadas de ataque y retrocedían para defender. Cruyff tenía plena libertad para desplazarse en el campo, encontrando formas de abrir espacios. Según Michels, el movimiento inteligente, la comprensión fluida del fútbol, el dominio de la técnica y la forma física eran las claves de su concepto. Michels también incorporó al portero del FC Amsterdam Jan Jongbloed por primera vez desde 1962, valorado más por su capacidad de barrer por detrás de la línea de fondo y su juego de pies, que por su habilidad como parador de tiros.

En una época en la que el marcaje al hombre era la norma, este fluido cambio de posición era demoledor.

"Michels fue para mí uno de los primeros que no hablaba solo de grandes jugadores individuales, sino del equipo; para él, todos eran iguales", dijo Wim Rijsbergen, defensor holandés de 1974. "Él cambió el fútbol. Éramos la Naranja Mecánica. Cambió la mentalidad. No éramos solo tipos que se movían hacia adelante y hacia atrás; jugábamos con mucha presión sobre el otro equipo, con mucho riesgo atrás. Los defensores iban hacia delante, los delanteros volvían. Jugábamos al fútbol. Incluso utilizaba al portero, Jan Jongbloed, como líbero, jugando fuera del área".

Previo al Mundial de 1974, Cruyff tenía un lucrativo acuerdo de patrocinio de botines con la marca Puma, y se negó a llevar las tres bandas de adidas, quienes fabricaban los uniformes de la selección neerlandesa, con el argumento de que era su cabeza la que se asomaba por la camiseta y que él tenía un acuerdo con Puma. Increíblemente, dado el prestigio que suponía ser los fabricantes de las equipaciones de los ganadores de la Copa del Mundo, la KNVB y Adidas cedieron, y Cruyff mandó hacer una camiseta neutra especial con solo dos rayas negras en el brazo, el pantalón e incluso las medias.

La exclusividad de Cruyff en el equipo no llegó hasta ahí. La plantilla de aquel momento estaba numerada alfabéticamente por apellidos, sin excepción; sin embargo, al astro holandés se le permitió usar su mítico número 14, por lo tanto, no solo las rayas de sus brazos eran diferentes a las del resto de sus compañeros, sino también el número de su camiseta.

Con pocas expectativas en el torneo, Holanda debutó en el Niedersachsenstadion de Hanover frente a Uruguay, un combinado difícil que había alcanzado el cuarto puesto en la edición anterior de 1970 y que además venía de ganar la última edición de la Copa América. Con nombres como Ladislao Mazurkiewicz, Fernando Morena y Pablo Forlán, la Celeste representaba un verdadero reto para los dirigidos por Michels.

El equipo de Cruyff abrumó a los uruguayos desde el arranque, sin dejarlos salir jugando desde su campo. Por momentos, daba la impresión de que los holandeses contaban con un jugador más en la cancha, gracias a la incesante presión para recuperar el balón y la continua rotación de sus piezas en los espacios. Johnny Rep marcó a los minutos 7 y 86, para dar el triunfo a la Naranja Mecánica y empezar su andar con pie derecho en la Copa del Mundo.

"A veces parecía que no teníamos táctica. A veces parecía que teníamos un hombre más en el campo", comentó Wim Rijsbergen al *New York Times*. "A veces parecía que estábamos desorganizados. Pero lo mejor de Michels es que siempre daba crédito a los

jugadores y nunca los criticaba fuera del vestuario. Para mí, era el mejor entrenador".

Suecia fue el siguiente contrincante de los neerlandeses, en un partido celebrado en Dortmund, cuyo marcador fue de empate a cero; no obstante, Johan Cruyff dejó una pincelada que quedó para la historia.

Cruyff se acercó a la línea de fondo desde el costado izquierdo, ahí lo fue a marcar el defensor sueco Jan Olsson, quien no pudo detener al elegante holandés quien giró sobre su propio eje para superar al rival, un gesto técnico y brillante.

"Llegó un balón largo hacia el banderín de córner y yo iba detrás de él (Cruyff). Le cogí la espalda y pensé que tenía la situación controlada. Él fue a centrar y yo pensé en ir a cubrirlo, pero el balón no estaba ahí", recordó Jan Olsson en entrevista con Swedish broadcaster SVT. "Había 25 000 hinchas holandeses en la sección en la que me superaron, y puedes imaginar cómo gritaron y animaron. No lo entendí, solo me pregunté dónde estaba el balón. Fue un episodio divertido y me alegro de haber conocido a un jugador de esa clase".

El encuentro contra Suecia también marcó la última aparición internacional de Piet Keizer con la casaca naranja, quien fuera capitán y compañero de Cruyff en el Ajax que dominó Europa en los 70.

La tercera jornada de la fase de grupos vio a Bulgaria caer frente a Holanda por marcador de 4-1, con doblete de Johan Neeskens, además de los tantos por parte de Johnny Rep y Theo de Jong. Los dirigidos por Michels clasificaron a la siguiente fase como líderes de grupo.

El combinado holandés empezó a crecer en expectativa, tras mostrar un fútbol dinámico y vistoso en sus tres primeras presentaciones, donde anotaron seis tantos y recibieron tan solo un gol.

La Copa Mundial de 1974 se estructuró de forma muy distinta al formato actual de competición. La primera ronda constaba de cuatro grupos con cuatro equipos, y los dos primeros de cada grupo avanzaron a la segunda fase, donde compitieron ocho equipos, divididos en dos grupos. Los dos mejores de cada grupo se clasificaban para la final del torneo. Los rivales de Holanda en la siguiente ronda serían Argentina, Brasil y Alemania Oriental.

En el primer partido contra la Argentina de Roberto Perfumo, celebrado en Gelsenkirchen, la Naranja Mecánica selló una de las actuaciones más brillantes y avasallantes en la historia de los Mundiales, superándola con marcador de 4-0.

Johan Cruyff finalmente se hizo un nombre entre los goleadores del torneo, tras anotar en par de ocasiones. Es recordado su primer gol a los 11 minutos, donde regateó y dejó atrás al portero Daniel Carnevali para luego definir a puerta vacía. Ruud Krol y Johnny Rep anotaron los otros tantos.

"Les metimos cuatro goles, lo cual, contra Argentina, no está nada mal. Entramos en el campo muy convencidos de nuestras posibilidades porque les habíamos ganado solo tres semanas antes", contó Neeskens a *El País*. "Lo importante es lo que consiguió aquel equipo. Aquello sí que fue algo maravilloso porque conmocionó a todo un país que nos seguía en cada partido".

En los siguientes compromisos, Holanda doblegó con marcador de 2-0 a Alemania Oriental y a la Brasil de Rivelino y Jairzinho, vigente campeona del mundo, cuyos recuerdos de 1970 habían quedado atrás. Los dirigidos por Michels estaban en la final, donde los esperaba Alemania Occidental, los anfitriones de la copa.

La Alemania de 1974 estaba repleta de figuras y jugadores que juntos ya habían tenido éxito a nivel de clubes. Sepp Maier, considerado uno de los mejores porteros de todos los tiempos, conquistó tres Copas Europeas con el Bayern Múnich, junto a Franz Beckenbauer, Hans-Georg Schwarzenbeck y Gerd Müller, leyendas que estaban viviendo un gran Mundial.

Todo estaba a favor para los locales, quienes frente a su afición disputarían el partido definitorio en el Olympiastadion de Múnich, mismo estadio donde muchos de sus jugadores estaban acostumbrados a jugar en su club.

"El día antes de la final leí en un periódico que una adivina había mirado en su bola de cristal y había predicho que Holanda ganaría", contó Gerd Müller a *The Sun*. "No soy supersticioso, pero casi no podía dormir, porque no dejaba de pensar en los holandeses y pensaba: 'Esto no puede ser verdad'. Pero un equipo alemán no es tan fácil de derribar. Nos dijimos: 'Ahora vamos a luchar más que nunca. Ahora lo daremos todo'".

Iniciado el partido, Johan Cruyff fue derribado en el área alemana, ganando una pena máxima para su equipo. Ante la retadora mirada del meta Sepp Maier, Johan Neeskens cobró penal con un potente disparo al centro del arco, para adelantar a los holandeses al minuto 2. El comienzo no pudo ser mejor para los dirigidos por Michels.

"Era tan temprano en el partido y había quizá 75 000 alemanes en el estadio y 5000 holandeses. Por supuesto, en ese momento estabas un poco más nervioso de lo normal, pero creo que también es normal porque es la final del Mundial y a los dos minutos tienes que tirar el penalti", recordó Neeskens en una charla con Newstalk. "Cogí el balón y me acerqué. Pero entonces empiezas a pensar, el portero Sepp Maier ha visto dónde he cobrado antes contra Bulgaria y se te pasan muchas cosas por la cabeza. Entonces decidí chutar el balón con fuerza, pero por el centro, porque pensaba que tal vez él tomara una decisión y se fuera antes hacia un costado, y lo hizo. Se fue por el buen camino donde yo había golpeado el balón antes. Maier se adelantó demasiado, quizá tuve suerte, porque el balón pasó directamente por el medio y él ya estaba en la esquina. Así que tuve un poco de suerte".

En ese momento la Naranja Mecánica mantuvo su juego ofensivo, presionando la salida del rival para provocar un error y doblar la ventaja en el marcador. El centrocampista holandés Willem van Hangem recuerda el tramo del partido en su autobiografía. "Me importaba poco el resultado. El 1-0 era suficiente, siempre que pudiéramos humillarlos. Los odio. Asesinaron a mi familia. Mi padre, mi hermana, dos de mis hermanos. Cada vez que me enfrentaba a Alemania, me llenaba de angustia".

Luego de un ataque holandés, los alemanes recuperaron el balón y Wolfgang Overath salió jugando a la contra desde el fondo, en una secuencia de pases que terminó con el atacante Bernd Hölzenbein siendo derribado en el área contraria, ganando un disparo desde los doce pasos y la posibilidad de igualar las acciones.

Paul Breitner cruzó el balón con su pierna izquierda y el meta holandés Jan Jongbloed se quedó inmóvil en el centro del arco. De esta forma Alemania Occidental logró el empate a un gol mientras transcurría el minuto 25.

Los próximos minutos fueron de un fútbol intenso, con ambos equipos buscando el gol y generando opciones reales de peligro. Se recuerda al alemán Jürgen Grabowski driblando defensores holandeses y a Johan Cruyff intentando generar situaciones de gol en el campo rival. Holandeses y alemanes estaban decididos a adelantarse en el marcador y no dejar el resultado a la suerte.

Luego múltiples intervenciones del arquero Jan Jongbloed ante el asedio rival, los alemanes pudieron adelantarse en el marcador a los 43 minutos, gracias a un tanto de Gerd Müller, quien recibió un balón entre tres rivales y, tras un excelso control, remató al arco para enviar el esférico al fondo de las redes.

Gerd Müller, quien fuera el máximo artillero alemán en el certamen con cuatro dianas, recuerda con emoción su gol en la final de 1974: "Marqué muchos goles importantes, muchos de ellos en finales de copa, hay muchos, pero el del Mundial es el más importante".

En la segunda mitad, Holanda buscó el partido por todas las vías, además dando ingreso a un desequilibrante atacante como René van de Kerkhof; no obstante, se encontraron frente a un crecido Sepp Maier, quien una vez más demostró por qué es de los mejores arqueros que ha visto el fútbol en su historia. Johan Neeskens recuerda la actuación del meta alemán en una entrevista con *El País*: "No ganamos el Mundial porque Maier lo paró todo en la segunda parte. Además, ellos tenían un buen equipo".

Frente a más de 75 000 espectadores, el árbitro inglés Jack Taylor sentenció el final del encuentro con marcador de 2-1, lo que convertía a Alemania Occidental en campeona del Mundo por segunda vez, tras hacerlo en Suiza, durante la edición de 1954. Es recordado Gerd Müller arrodillado mirando al cielo mientras rompía en llanto. Beckenbauer, Grabowski y Breitner se abrazaron en medio de la multitud y los innumerables reporteros que entraron al campo.

A pesar de caer en la final, frustrando así su sueño de ser campeona del mundo, la Holanda de 1974 es considerada como el mejor equipo que no ganó una Copa Mundial de la FIFA. Los dirigidos por Michels y liderados por Cruyff probablemente habrían sido comparados con el Brasil de 1970 si hubiera ganado aquel famoso partido en Múnich. "Tal vez al final fuimos los verdaderos campeones", dijo Cruyff en entrevista con *The Guardian*. "Creo que el mundo recuerda más a nuestro equipo".

En un total de siete encuentros disputados en aquella Copa del Mundo, Holanda ganó cinco encuentros, anotando la arrolladora cantidad de 15 goles y encajando tan solo tres tantos, dos de ellos sufridos en la final frente a Alemania Occidental. Más allá de lo que puedan decir los números sobre aquella selección, La Naranja Mecánica maravilló al mundo con su fútbol innovador y sirvió de inspiración de muchos entrenadores que en el futuro ocuparon el lugar más alto del balompié, como Pep Guardiola y el mismo Johan Cruyff en su etapa como estratega.

"Michels me dio la responsabilidad de ajustar las cosas en el campo si la situación lo requería. Así me enseñó desde muy joven a pensar en el juego de equipo; más tarde yo adopté el mismo método con jugadores como Pep Guardiola", recordó Johan Cruyff tras la muerte de Rinus Michels en 2005. "Puso a Holanda en el mapa de tal manera, que todo el mundo sigue beneficiándose de ella. Con él, los resultados eran lo primero, pero la calidad del fútbol también era lo primero. Echaré de menos a Rinus Michels".

Luego de 24 años de ausencia en Mundiales y muchas decepciones, Holanda logró ubicarse en 1974 entre los mejores del mundo.

En la edición siguiente, la de 1978 en Argentina, los holandeses, sin Cruyff y Michels, pero con la misma filosofía y base de jugadores, alcanzaron la final, cayendo 3-1 ante los anfitriones.

Lo realizado por Rinus Michels como estratega, revolucionario e innovador en sus tácticas, junto a Johan Cruyff, cuya visión de juego es de las mejores que se ha visto: marcaron un antes y un después en el fútbol mundial.

CAPÍTULO 11

1978 LES BLEUS DE MAR DEL PLATA

Tras caer derrotada frente a Argentina e Italia en el Mundial de 1978, la selección francesa debía disputar su último compromiso en fase de grupos, antes de regresar a casa. La justa se efectuaría en el Estadio José María Minella de Mar del Plata, frente al también eliminado combinado húngaro.

En aquel momento, la gran mayoría no tenía acceso a la televisión a color, por lo que siempre era necesario uniformes cuyos tonos contrastaran entre un equipo y otro para así diferenciar a los conjuntos frente al ojo de los telespectadores que disfrutaban de los encuentros en blanco y negro.

Meses antes de iniciar la Copa del Mundo, la FIFA informó a las federaciones de Francia y Hungría que serían los galos quienes usarían su indumentaria de visitante, de color blanco en vez de azul; mientras que los húngaros llevarían su tradicional color rojo.

Semanas más tarde, por alguna razón, la FIFA cambió de parecer y volvió a enviar un mensaje a ambas instituciones, esta vez apuntando que Francia saldría a la cancha con su camiseta azul y Hungría portaría la casaca blanca de visitante.

Aunque los húngaros recibieron y atendieron el recado de FIFA sin problemas, Henry Patrelle, funcionario de la Federación Francesa de Fútbol (FFF), miró el comunicado de reojo y continuó con sus labores, desencadenando un hecho bastante curioso en la historia de los Mundiales.

Llegado el 10 de junio de 1978 en Mar del Plata, las oncenas de Francia y Hungría salieron a calentar en la cancha. El centrocampista francés Henri Michel notó que bajo la chaqueta roja de los contrarios se notaba un color blanco, por lo que le preguntó al jugador húngaro Peter Torocsik: "¿Camiseta blanca?" y este respondió: "Camiseta blanca".

En ese momento se notó que los dos equipos portaban camisetas blancas, algo que representaba un gran problema, tanto en el aspecto futbolístico, como televisivo. Encontrar una solución era la única posibilidad. No podía dejar de jugarse un partido mundialista por tal descuido.

Patrelle recordó más tarde que se trataba de un error suyo y que él era el responsable. Las equipaciones azules francesas se habían quedado en Buenos Aires y ya estaban en maletas preparadas para la salida del equipo de vuelta a Francia.

Durante la demora de 45 minutos, los directivos del equipo argentino de Segunda División, Atlético Kimberley, tomaron la determinación de ceder sus camisetas al equipo francés para que pudieran disputar el encuentro.

"Tuvimos que romper un candado, porque ni las llaves teníamos", cuenta a *Enganche* Carlos Alberto Cubero, utilero del club Kimberley en aquella época. "Buscamos un juego de camisetas sin estrenar que estaba en el lavadero. Y volvimos rápido para la cancha".

Las camisetas de rayas blancas y verdes ya estaban en el Estadio José María Minella y todo parecía haberse solucionado; no obstante, surgió otro inconveniente: las camisetas del Kimberley no tenían números, por lo tanto, los franceses se dispusieron a estamparlos.

Los directivos del Kimberley no tuvieron problema alguno en que los galos plancharan los números en sus camisetas; sin embargo, se opusieron a que la numeración de dorsales fuera discontinua. En aquel momento, en el fútbol argentino, los uniformes debían estar numerados del 2 al 11 y del 13 al 16, mientras que el 12 era para el arquero suplente.

Esta medida forzó a diferentes jugadores a utilizar un dorsal diferente al que venían vistiendo durante el torneo; además, mostrando discrepancias con sus pantalonetas, donde sí se mantuvieron las originales, con sus números tradicionales. Dominique Rocheteau jugó con el número 7 en vez del número 8, mientras que Olivier Rouyer portó el número 11 en vez del número 20.

Francia, usando la camiseta del Kimberley, ganó el partido sin complicaciones con marcador de 3-1. Christian López y Marc Berdoll adelantaron a los galos, mientras que Sándor Zombori descontó por los húngaros. El último gol del encuentro lo hizo Dominique Rocheteau. Pese al triunfo, el error de logística le costaría a Patrelle su puesto de intendente en la FFF.

Aunque este es un hecho bastante curioso, inimaginable en una Copa del Mundo que ya había celebrado diez ediciones previas; no fue la primera vez que ocurrió en el magno evento futbolístico.

En 1934, Austria y Alemania, de camisetas blancas, debían enfrentarse en el partido para definir el tercer puesto. Los austríacos perdieron el sorteo previo y debían cambiar de camisetas; no obstante, al igual que los franceses en 1978, no las tenían consigo. El *Wunderteam* austríaco jugó con la camiseta celeste del Nápoli, cayendo derrotados por marcador de 3-2.

Durante la edición de 1950, celebrada en Brasil, México y Suiza, ya eliminados, jugaban su último partido de grupos. El elenco mexicano vistió la casaca azul del Cruzeiro, cayendo 2-1 en el Estádio dos Eucaliptos de Porto Alegre.

El Mundial de 1958, celebrado en Suecia, vio a la selección de Argentina jugar con la camiseta amarilla del Malmö, cuando

se enfrentaron a la vigente campeona, Alemania Occidental. La similitud entre ambas camisetas, una albiceleste y otra blanca, forzaron al árbitro Reginald Leafe a tomar dicha medida. Argentina cayó con marcador de 3-1, en lo que fue una gran noche de Helmut Rahn.

CAPÍTULO 12

1982 EL INFLUYENTE JEQUE FAHAD

Se acercaba la Copa del Mundo de 1982, a celebrarse en España, y un pequeño equipo cumpliría su sueño de disputar el magno evento futbolístico. Se trataba de Kuwait, quienes encabezaron la antigua eliminatoria híbrida entre Asia y Oceanía, superando en el camino a rivales como Corea del Sur, Nueva Zelanda y Arabia Saudita.

La participación de Kuwait en España 82' se tomó como un chiste, al tal punto que un periódico español, en tono de broma, alegó que los kuwaitíes llegarían tarde al Mundial porque viajarían en camellos. Aunque estas publicaciones fueron de mal gusto y no generaron buenas sensaciones en el equipo, sí hubo alguien que hizo de la situación un elemento a favor.

El carismático padrino del deporte kuwaití, el jeque Fahad Al Ahmad Al Sabah, se empeñó en que su selección sería la primera en llegar a España para la cita mundialista, junto a una misteriosa mascota, un camello llamado Haydoo.

La llegada del combinado kuwaití pasó desapercibida y fueron muy pocos los periodistas que asistieron a su arribo para reseñar el acontecimiento, pero el astuto jeque Fahad tenía una carta bajo la manga, al asegurar que "el equipo kuwaití se retiraría de la competición si no se le permitía llevar su mascota". En pocas horas, el

hotel del equipo kuwaití se llenó de reporteros ávidos de primicias, que se morían por saber más sobre esta misteriosa mascota.

Al ganar atención, el jeque Fahad realizó una improvisada rueda de prensa, donde aseguró que las autoridades españolas habían impedido que Haydoo entrara al país, manteniendo su postura de marcharse si el camello no acompañaba al equipo.

Las autoridades españolas cedieron ante el revuelo mediático generado por los medios de comunicación y el hotel de concentración permitió al equipo tener al camello con ellos, siempre y cuando se quedara en el patio trasero de las instalaciones. La jugada publicitaria del jeque Fahad había funcionado: logró captar gran atención sobre un equipo que a nadie le importaba.

Al día siguiente llegó un hermoso camello norteafricano, enviado a España por cortesía del rey de Marruecos. El jeque Fahad seguiría construyendo la expectativa sobre la selección, vistiendo a Haydoo con una camiseta gigante azul y unos botines.

Llegado el 17 de junio de 1982, la selección nacional de Kuwait hacía su debut mundialista, frente a la difícil Checoslovaquia, un país de tradición futbolística con dos finales disputadas y el reciente bronce obtenido en el Campeonato Europeo de 1980. Para Kuwait era la hora de la verdad: serían los jugadores, con su fútbol, quienes debían demostrar de qué estaban hechos.

Tras recibir un tanto de penal por parte de Antonin Panenka, el atacante kuwaití Faisal Al-Dakhil, quien es considerado como el rey del fútbol en ese país, realizó un potente remate lejano, a unos 30 metros de distancia, mandando el balón al fondo de las redes y sellando el empate a uno, lo que significaba un gran estreno en el certamen.

Seguía la poderosa Francia de Michel Platini, que no había lucido bien en su derrota 3-1 frente a Inglaterra en la primera jornada, los kuwaitíes estaban convencidos de que podían mantenerse sólidos en defensa para sorprender a los galos y enviarlos a casa.

Francia y Kuwait saltaron al campo en el Estadio José Zorrilla de Valladolid y el equipo asiático mostró gran resistencia frente a los embistes de las grandes figuras francesas: Platini, Amoros, Giresse y Trésor, por mencionar algunas. Pasada la media hora de partido, Bernard Genghini adelantó a los galos y, minutos más tarde, Platini definió en el área para doblar la ventaja antes de ir al descanso.

En el complemento, los galos mantuvieron su insistencia a la hora de atacar y marcaron su tercer tanto del encuentro a los 48 minutos, por medio de Didier Six. El centrocampista kuwaití Abdullah Al-Buloushi anotó para recortar el marcador y mantener viva la esperanza de su equipo; sin embargo, algo estaba por ocurrir.

Alain Giresse anotó el cuarto gol para los franceses y el mismo fue recibido por protestas kuwaitíes, quienes se habían detenido previo al gol, como reacción a un supuesto silbido del árbitro soviético Myroslav Stupar. Ante tal momento de incertidumbre y tensión, el jeque Fahad decidió bajar al campo para discutir con el silbante.

Fahad, enojado y disgustado por la supuesta injusticia, encaró a Stupar y amenazó con retirar a su equipo del campo, forzando al árbitro a anular el gol francés para reanudar el partido. No se sabe exactamente cuáles fueron las palabras del jeque o las condiciones que impuso al silbante, lo cierto es que su influencia valió para anular un tanto al rival en la Copa del Mundo.

Las artimañas de Fahad no impidieron que finalmente cayera el cuarto gol francés, por medio de Maxime Bossis, quien perforó las redes en el minuto 89, para poner fin a las esperanzas kuwaitíes de trascender a la siguiente ronda.

En un heroico partido donde la defensa se mantuvo sólida, el seleccionado kuwaití cayó por la mínima frente a Inglaterra en el tercer y último partido, con un tanto del atacante Trevor Francis. La de 1982 fue la única participación de Kuwait en la Copa del Mundo.

Unos meses antes de su muerte en 1990, Fahad invitó a cenar a Michel Platini (capitán francés de aquel partido en Valladolid), para disculparse por su comportamiento poco ético ocho años atrás.

El árbitro Stupar fue inhabilitado para oficiar, mientras que a Kuwait todavía le persigue el fantasma de su vergonzoso acto, que hasta la fecha arroja una oscura sombra sobre sus logros futbolísticos.

PAOLO ROSSI: EL REGRESO

"Siempre soñé con ser futbolista, pero ese sueño se vio roto cuando me operaron tres veces del menisco entre los 16 y los 19 años". Desde muy temprano en su vida, Paolo Rossi tuvo todo en contra para cumplir su ambición de jugar al fútbol, un deporte que, como en la vida, nos ofrece la opción de rendirnos o levantarnos para seguir luchando.

Nacido en Prato, Italia, Paolo Rossi no era precisamente el delantero potente o corpulento que podemos ver en la época moderna; por el contrario, era flaco, débil y algo frágil. No obstante, su olfato goleador y manera de entender el juego llamaron la atención de una leyenda juventina, Giampiero Boniperti, quien lo vio jugar cuando tenía 15 años, en un partido *amateur* celebrado en la región de Toscana.

El joven Rossi empezó a mostrar sus dotes ofensivos en las inferiores de la Juventus, jugando como extremo derecho, pero las lesiones empezaron a acosarlo, impidiendo así su evolución como futbolista. En dos temporadas, no pudo debutar en la Serie A y solo disputó tres encuentros de Coppa Italia.

Un breve paso en el Como durante la temporada 1975/76, le brindó a Rossi hacer su debut en la primera categoría italiana, algo que nunca olvidará luego de haber enfrentado lesiones a corta edad. "Solo cuando debuté en la Serie A, el 9 de noviembre de 1975, me di cuenta de que había cumplido mi sueño: era un jugador profesional. Lo recuerdo como si fuera ayer. Jugué con el Como y perdimos 2-0 contra el Perugia", recordó Rossi en entrevista con *World Soccer*.

Rossi se marchó al Vicenza de la Serie B, donde logró el ascenso del equipo, aportando 21 anotaciones en 36 cotejos. En las dos siguientes campañas de Serie A, Pablito perforó las redes en 39 ocasiones a lo largo de 58 encuentros. Sus buenas actuaciones no pasaron por alto: el seleccionador italiano Enzo Bearzot lo hizo debutar en un amistoso frente a Bulgaria celebrado en 1977.

Se acercaba el Mundial de 1978 a celebrarse en Argentina y Rossi ya era considerado como uno de los mejores atacantes del país, por lo que fue convocado por Bearzot para tener un papel protagónico en el torneo. Italia alcanzó el cuarto puesto y Rossi disputó los siete partidos, anotando tres goles y repartiendo cuatro asistencias. Si el *Bambino d'Oro* con apenas 21 años, era capaz de brillar en el máximo escenario, se daba a entender que en su futura madurez, cuando alcanzara su máximo nivel, fácilmente podía convertirse en el mejor del mundo; sin embargo, la historia cambió radicalmente.

"Para mí, la Copa del Mundo es el máximo objetivo para un jugador profesional", sentenció Rossi en entrevista con FIFA. "Me trajo fama, popularidad y éxito, empezando por mi primer Mundial en 1978, que ya fue un gran éxito. Tenía 22 años. Italia no ganó el torneo, pero mis actuaciones fueron muy elogiadas. Fue entonces cuando mi carrera despegó de verdad".

Durante 1980, jugando en el Perugia, se acusó a Paolo Rossi de estar vinculado con el escándalo del "Totonero", un sindicato de manipulación de partidos y apuestas, que sacudió al fútbol italiano en las categorías de Serie A y Serie B.

La artimaña fue gestada en un restaurante romano, popular para muchos jugadores, quienes aceptaban arreglar partidos a cambio de una porción del dinero obtenido. Lo que empezó como una práctica con el Lazio en 1979, evolucionó a una gran red de amaños, donde estuvieron involucrados el Avellino, el Bolonia, el Lazio, el Milán y el Perugia, de la Serie A, y el Palermo y el Taranto, de la Serie B; todos los cuales fueron declarados culpables después de los juicios.

Massimo Cruciani y Alvaro Trinca, las mentes detrás de este lamentable movimiento, vieron pérdidas de más de 100 millones de

liras hasta febrero de 1980 (por valor de unos 117 000 dólares de 1980, o más de 400 000 dólares actuales).

Más de 20 futbolistas profesionales fueron sancionados y Paolo Rossi fue suspendido del fútbol por tres años, posteriormente reducidos a dos, gracias a una apelación posterior. Del cielo a la tierra, Rossi fue apartado de las canchas y visto en su país como un villano. Tras un gran Mundial de 1978 y un futuro esperanzador, el ariete italiano empezó a vivir entre las sombras.

"Era como si todo aquel asunto, el escándalo, en el que me había visto envuelto, formara ahora parte de otro mundo: no había tenido nada que ver conmigo, solo quería dejarlo todo atrás", explicó Rossi en el libro *GOAL!*. "Cuando se acabó y terminó mi suspensión de dos años, fue como si empezara de nuevo con una nueva vida".

Una vez finalizado el plazo de suspensión, Rossi, en busca de equipo para reanudar su carrera como futbolista, recibió una llamada importante de un viejo conocido para regresar a la Juventus. "Boniperti me llamó: 'Vendrás con nosotros, te entrenarás con los demás, incluso más que los demás'. Me sentí de nuevo como un futbolista. Me dijo que me presentara con el pelo corto, me indicó lo que debía comer y lo que debía beber. Boniperti era un mago en estas cosas. Cuando llegué me dijo: 'Paolo, si te casas es mejor, así estás más tranquilo'. Me casé en septiembre".

Con una modesta participación de Rossi en tan solo tres partidos para la Juventus, era impensada su inclusión en la convocatoria de Italia para afrontar la Copa del Mundo de 1982, a celebrarse en España. Roberto Pruzzo, prolífico atacante y máximo goleador de la Serie A en años consecutivos (1980/81, 1981/82), partía como amplio favorito para conformar el listado final.

Así como Boniperti confió desde un principio en el talento de Rossi, también lo hizo Enzo Bearzot, seleccionador italiano, a quien no le importaron los dos años de suspensión e inactividad. El *Bambino d'Oro* fue incluido en la convocatoria para disputar el Mundial de España 82'. "Esperaba la convocatoria, Bearzot tenía fe en mí, en Argentina (1978) me había ido bien", confesó Rossi.

La oportunidad de brillar nuevamente en la Copa del Mundo estaba ahí; no obstante, no sería fácil. Rossi recuerda lo difícil que fue retomar el nivel competitivo, además de la aptitud física y la plena concentración en cuanto al aspecto mental. "No estaba en forma; al contrario, era un fantasma. Me resultaba difícil hacer todo, también era un bloqueo mental. Pero la confianza de mis compañeros y del entrenador me dio un impulso excepcional. Los chicos bromeaban diciendo que apenas podía mantenerme en pie, las bromas también fueron importantes. Debido al estrés había perdido cinco kilos. Me daban estimulación eléctrica en las piernas y recuerdo que la cocinera me traía cada noche, a las 22:30, un vaso de leche y un *croissant* a mi habitación".

Se podía esperar que la prensa, gran crítica de la selección italiana, no viera con buenos ojos la inclusión de Rossi sobre Pruzzo en la lista, aunque peor aún fue la postura de su compañero de equipo Gabriele Oriali del Inter de Milán, quien afirmó: "Con Paolo Rossi, titular en nuestro ataque, las chances que tenemos de ganar la Copa, se reducen".

Italia llegó a España con un gran equipo, conformado por figuras con experiencia en la edición previa de 1978, como el capitán Dino Zoff, Gaetano Scirea, Antonio Cabrini, Claudio Gentile y Marco Tardelli, sumadas a nuevas caras como las de Giuseppe Bergomi, Alessandro Altobelli, Gianpiero Marini y Fulvio Collovati.

El debut *azzurro* se efectuó el 14 de junio de 1982 en Balaídos, Vigo, frente a la poderosa Polonia de Grzegorz Lato, Władysław Żmuda y Zbigniew Boniek. Con Paolo Rossi como titular, no hubo goles en el encuentro, manteniéndose el empate a cero en el marcador hasta el final. La repartición de puntos frente a Polonia no fue tan mal vista: se sabía que los estrenos mundialistas nunca son fáciles y que el rival era de alto nivel.

Los italianos no se salvarían de las críticas al finalizar el segundo partido, donde empataron a uno frente a Perú. Paolo Rossi fue sustituido al descanso, lo que llevó a pensar que su participación en el certamen había terminado. 135 minutos de juego en un torneo

corto como la Copa del Mundo son suficientes para influir en el funcionamiento del equipo.

"En los primeros partidos me resultó muy difícil volver a entrar en el juego mentalmente. Me costaba incluso hacer cosas fáciles. Al final del primer tiempo contra Perú, cuando me sustituyeron, sentí que estaba perdido", recordó Rossi. Nuevamente, Bearzot sorprendió a su pupilo en el descanso, dejándole saber que seguiría siendo de la partida en el próximo encuentro, una vez más, brindándole su plena confianza.

Sin triunfos en sus primeros dos encuentros, La *Azzurra* estaba obligada a derrotar a Camerún, una selección que apenas participaba por primera vez en una Copa del Mundo, aunque la historia fue otra. Nuevamente se reflejó el empate a uno en el marcador, lo que permitió a los italianos avanzar de ronda como segundos de grupo; sin embargo, las críticas fueron más duras que nunca luego de no ser capaces de ganar un solo partido en toda la primera fase.

"Nos llovieron críticas contundentes. Esto no hizo más que aumentar con el inicio de segunda ronda, ya que empatamos los tres primeros partidos sin jugar al máximo", explicó Fulvio Collovati a *Il Nuovo Online*. "Sin embargo, después las críticas fueron más allá del aspecto deportivo, llegando incluso a nuestra vida privada. Así que Bearzot, que más que un entrenador era una especie de figura paterna para nuestro grupo, nos convenció de mantener alejada a la prensa para protegernos. Solo Zoff, como capitán, estaba autorizado a hablar con los periodistas. Hoy en día, un apagón de prensa no sería una gran noticia, pero hace 40 años era una solución extrema, por no decir otra cosa. No es casualidad que también fuera mal visto que lo hiciéramos. En cualquier caso, esto nos motivó, aún más, a dar el 100 por 100".

A diferencia del formato de competición actual en las Copas del Mundo, la segunda fase consistía en cuatro grupos de tres equipos, donde los líderes de cada grupo avanzaban a la ronda semifinal, en partidos de eliminación directa. El grupo de Italia era aterrador: los chicos de Bearzot debían enfrentarse a la Argentina de Diego

Maradona y Mario Kempes, además de la Brasil de Zico y Sócrates. El panorama lucía complicado, por no decir imposible.

Contra todo pronóstico, el combinado italiano mostró su mejor fútbol en el torneo hasta el momento, venciendo 2-1 al seleccionado argentino, vigente campeón del mundo dirigido por César Luis Menotti. Marco Tardelli y Antonio Cabrini convirtieron por la *Azzurra*, mientras que el capitán Daniel Passarella descontó por la Albiceleste.

"La victoria sobre la Argentina de Maradona fue el punto de inflexión", añade Fulvio Collovati a RAI. "Bearzot dijo: 'Ahora vamos a ganarle a Brasil, porque ya le ganamos a Argentina'".

Aunque se mantenía la sequía goleadora de Paolo Rossi, titular en los cuatro encuentros hasta ahora disputados, daba la sensación de que el equipo jugaba mejor y que el *Bambino d'Oro* ya estaba retomando buen ritmo competitivo tras poco más de dos años sin ver acción en la cancha.

"El partido contra Argentina fue decisivo; se ganó jugando bien. No marqué, pero fui mejor", declaró Rossi a *Storie di Calcio*. "Desde luego, no pensábamos que íbamos a ganar el campeonato del mundo, pero nos convencimos de que podíamos jugar a la par de cualquiera. Quizás en el 78 éramos más fuertes, yo incluido, pero este equipo tenía carácter".

Seguía Brasil, quien había derrotado a Argentina por 3-1, significando que con un empate frente a los italianos, estarían sellando su pase a las semifinales. Aquel brillante equipo de Zico, Falcão y Sócrates, que había destruido a sus rivales en la fase de grupos con tres triunfos y diez goles anotados, tenía todo a favor para avanzar.

El estadio Sarriá de Barcelona fue testigo de una de las actuaciones individuales más sorprendentes en la historia de la Copa del Mundo, dado el contexto y el peso del rival de turno.

Iniciado el encuentro, Paolo Rossi finalmente anotó su primer gol del torneo para adelantar a los italianos en el marcador, mientras transcurría el quinto minuto de juego. Antonio Cabrini lanzó

un sutil centro desde la izquierda, que fue rematado de cabeza por parte de Rossi, quien celebró su tanto con plena euforia, sintiéndose liberado.

"El primer gol contra Brasil lo recuerdo como el mejor de mi vida. No tuve tiempo de pensar en nada: sentí una sensación de liberación", reflexionó Rossi en el libro *GOAL!*. "Es increíble cómo un episodio puede cambiarte radicalmente: se acabaron los bloqueos mentales y físicos. Después de ese gol, todo fue natural. La vida cambia, en una semana, en un abrir y cerrar de ojos: de ser un desecho, que era antes, me convertí en un fenómeno".

En el minuto 12, tras una brillante y excelsa jugada de Zico, Sócrates igualó las acciones en el marcador para dar vida a los brasileños, aunque la igualdad no se mantendría por mucho. Al minuto 25, Paolo Rossi volvió a marcar: Tras un error en la zaga brasileña, el *Bambino d'Oro* recuperó el balón, para luego dejar en el camino a un defensor brasileño y rematar desde afuera del área, para así batir al portero Waldir Peres y nuevamente darle la ventaja a La *Azzurra*.

En la segunda parte, Falcão sacó a relucir toda su calidad, efectuando un hermoso disparo con comba, golpeando el balón con su pierna izquierda. Nada pudo hacer Dino Zoff. Brasil empataba el encuentro 2-2 a los 68 minutos, en lo que ya se había convertido en un clásico de los Mundiales.

La selección brasileña empezó a tomar protagonismo ofensivo en el partido, generando múltiples ocasiones de gol desde todos los sectores del campo. Los liderados por Zico eran amplios favoritos y estaban decididos a ganar antes de cumplirse los 90 minutos.

Con poco más de un cuarto de hora por jugarse, Paolo Rossi logró desviar un remate de Marco Tardelli, quien recibió el balón tras un córner ejecutado por Bruno Conti. Italia estaba de nuevo por delante en el marcador: un 3-2 que así se mantuvo hasta el final, con Rossi como gran figura, autor de un triplete frente a la gran favorita para llevarse la copa a casa.

"Mis tres goles fueron los primeros en un torneo en el que solo mi seleccionador, Enzo Bearzot, y mis compañeros creyeron en mí tras una sanción de dos temporadas y mi mal comienzo en aquel Mundial", repasó Rossi en entrevista con *World Soccer*. *"Yo hice llorar a Brasil* es el título de mi autobiografía. Es cierto, ocurrió de verdad".

Derrotar a Argentina y luego a Brasil permitió a los italianos ganar una gran confianza. La fase de grupos con tres empates había quedado atrás y ya era turno de enfocarse en las semifinales: una victoria frente a Polonia significaba un puesto en la gran final.

Fulvio Collovati, en entrevista con *Il Nuovo Online*, recuerda cómo creció el equipo tras vencer a Brasil: "Una vez que ganamos al Brasil favorito de Zico, Sócrates y Falcão, nos sentimos impregnados de una gran y renovada confianza en nosotros mismos. Después de Brasil, nos sentimos invencibles". Giancarlo Antognoni también rememora aquel momento en charla con RAI: "Después del partido contra Brasil, comprendimos que teníamos la capacidad de ganar el campeonato del mundo".

El elenco italiano se mantuvo en Barcelona para enfrentar a Polonia en las semifinales, aunque esta vez lo harían en el mítico estadio Camp Nou, frente a 50 000 personas. Ambos equipos ya se habían enfrentado en el estreno del torneo, sellando un empate sin goles. La diferencia entre aquel partido y este decisivo, era que Italia ahora contaba con un nuevo y renovado Paolo Rossi, crecido en confianza.

Si bien Polonia ejerció buena resistencia en los minutos iniciales, Paolo Rossi volvió a perforar las redes para abrir el marcador y adelantar a su equipo al minuto 22. Una vez más, Rossi mostró su olfato goleador para desviar un cabezazo y enviar el balón al fondo de las redes.

En la segunda parte, Bruno Conti tomó un balón desde el costado izquierdo y lanzó un centro a Paolo Rossi, quien se encontraba solo frente al segundo palo. El *Bambino d'Oro* remató de cabeza

anotó su segundo gol del encuentro, para sellar el triunfo *azzurro* con marcador de 2-0 y alcanzar la final del mundo.

Uno de los grandes protagonistas de aquel partido fue el joven Giuseppe Bergomi de 18 años, demostrando una vez más la confianza que tenía el seleccionador Bearzot en sus jugadores. "Entré con Brasil para sustituir a Collovati, luego Bearzot decidió confirmarme contra Polonia, confiándome a Lato", confesó Bergomi a *La Gazzetta dello Sport*.

El estratega Bearzot nunca tuvo dudas en cuál debía ser su estilo de juego y siempre creyó en su plantilla. Esto, sin dudas, permitió a sus jugadores crecer anímicamente. "Selecciono a mis jugadores y les dejo jugar, sin tratar de imponerles planes tácticos", explicó Bearzot. "No se le puede decir a Maradona: 'Juega como yo te digo'. Hay que dejarle libertad para que se exprese. El resto se hará por sí solo".

La crecida Italia debía ganar un partido más para convertirse en campeona del mundo nuevamente, luego de lograrlo casi 50 años atrás. El estadio Santiago Bernabéu de Madrid, con 90 000 almas en el recinto, estaba listo para vibrar con la gran final entre Italia y Alemania Occidental.

Aunque ya habían pasado los mejores días del seleccionado alemán campeón del mundo en 1974, aún quedaban figuras de aquel equipo, como lo era Paul Breitner, ahora cumpliendo el rol de centrocampista. La gran estrella teutona era el atacante Karl-Heinz Rummenigge del Bayern Múnich, quien había ganado el premio al Ballon d'Or en 1980 y 1981, además era hasta el momento el goleador del Mundial con cinco tantos, empatado con Paolo Rossi.

Quien tendría la difícil misión de anular a Rummenigge era el joven Bergomi. "Estaba seguro de volver al banquillo en la final, pero sorprendentemente el día antes del partido contra Alemania, Bearzot me advirtió: 'Si Antognoni no se recupera, depende de ti'", reveló Bergomi a *La Gazzetta dello Sport*. "Antognoni lo intentó hasta el final, pero a las cinco de la tarde Bearzot me nombró y me dijo: 'Juegas tú. Tienes que marcar al rubio'. El rubio era Rummenigge, uno de los más fuertes de aquella época. No me asusté: salí al campo, temerario a la edad de 18 años".

En la primera parte se mantuvo la paridad a cero en el marcador. Los dos equipos tuvieron sus oportunidades; no obstante, no fue posible vulnerar el arco rival. La opción más clara la tuvo Antonio Cabrini desde los 12 pasos, quien erró su remate cruzado de pierna izquierda, yéndose lejos del arco.

"El fallo fue por culpa de Paolo Rossi", reveló el sonriente Cabrini en tono jocoso. "Paolo, justo antes de lanzar el penal, pasa por detrás de mí y me dice: '¿Lo sientes?'; en ese momento, la mayor mala suerte que se puede dar es esa".

El marcador de la gran final se abrió en la segunda parte y el autor del gol no podía ser otro que Paolo Rossi, quien desvió un centro de Claudio Gentile y mandó el balón al fondo de las redes. Marco Tardelli amplió la ventaja al minuto 69, luego de una buena jugada entre Bergomi y Scirea, quienes lo habilitaron para luego ejecutar un excelso control de pierna derecha y rematar desde fuera del área con la izquierda, dejando helado al arquero alemán Schumacher. Tardelli corrió por todo el campo, en una eufórica e inmortal celebración.

"Agradezco que en ese momento tomé un instante de locura", dijo Tardelli a Radio Capital de Italia. "Es algo que veo de vez en cuando lo pasan por televisión, y que quedará en mis nietos cuando entiendan lo que fue el fútbol".

Alessandro Altobelli, quien había ingresado en sustitución de Francesco Graziani, recibió en el área un pase de Conti, para luego driblar al arquero Schumacher y convertir el tercer tanto italiano al minuto 81. Aunque dos minutos más tarde Paul Breitner descontó en el marcador, era cuestión de instantes para que Italia alcanzara lo más alto y así lo hicieron: se convirtieron en campeones mundiales por tercera vez.

Rossi recuerda con alegría el momento en que el colegiado Arnaldo Cézar Coelho sentenció el fin de aquella final en el Bernabéu. "El recuerdo más claro que tengo es la sensación al pitar el final

contra Alemania. Éramos campeones del mundo. Solo di media vuelta al campo con mis compañeros. Me senté en una tabla mirando al público entusiasta y me emocioné. Pero en mi interior, sentí una pizca de amargura, pensé: 'Detengan el tiempo, no puede acabarse ya, ya no viviré estos momentos'. Y comprendí que la felicidad, la verdadera, solo dura momentos".

Con seis tantos, anotados en los últimos tres partidos decisivos, Paolo Rossi se convirtió en el máximo goleador del certamen; además, luego fue galardonado con el Balón de Oro del torneo, como el jugador más valioso de la contienda. Aunque estas distinciones individuales cementan a Rossi como uno de los mejores jugadores en la historia de los Mundiales, levantar el trofeo de campeón es lo que verdaderamente no tiene precio ni comparación alguna.

"Fue una alegría indescriptible. Cuando llevas toda la vida jugando al fútbol, es un sueño hecho realidad", contó Rossi a FIFA. "Cuando lo levantas... no te das cuenta en ese momento, tardas en asimilarlo. Con el paso del tiempo, te das cuenta de que has hecho algo excepcional y, sobre todo, que has hecho muy feliz a mucha gente. En realidad, los resultados en sí mismos no tienen sentido, tampoco el logro personal. Pero saber que todas esas personas han obtenido tanto placer de lo que has conseguido te aporta una tremenda sensación de alegría interior".

Giuseppe Bergomi, el joven de 18 años que brilló en la final frente a Alemania, se convertiría luego en una leyenda del fútbol italiano, gracias a su brillante carrera de 20 temporadas y más de 750 partidos disputados con el Inter de Milán. El defensor recuerda la importancia del seleccionador Bearzot en su carrera.

"Era un hombre estricto y exigente, pero sabía hablar al corazón de la gente", rememoró Bergomi a la *Gazzetta dello Sport*. "Perdí a mi padre, Giovanni, a los 16 años. No es retórico decir que Bearzot fue un segundo padre para mí. Intenté asimilar sus valores. También consiguió estimular mi curiosidad más allá de los límites del fútbol. Era un hombre de profunda cultura".

La gesta de Paolo Rossi en el Mundial de España 82 es recordada como una de las máximas y más cruciales actuaciones individuales en la historia del torneo, llevándolo a alcanzar un estatus de leyenda, no solo para el fútbol italiano, sino a nivel internacional. Tras vivir episodios grises en su vida deportiva y personal, luego de estar suspendido durante dos años, el atacante oriundo de Prato logró levantarse, porque así como en el fútbol, la vida da revancha.

Hasta el final de su carrera en 1987, Rossi vivió sus mejores momentos con la Juventus, donde conquistó la Copa Europea junto a Michel Platini en 1985. Sus últimos años como futbolista activo los vivió en el Milan y el Hellas Verona, donde no pudo tener la misma influencia que en el resto de sus equipos.

Luego de su muerte en 2020 a los 64 años, Paolo Rossi fue homenajeado y recordado en diferentes latitudes. Gianni Infantino, hijo de inmigrantes italianos y actual presidente de la FIFA, manifestó el impacto que Rossi tuvo en su vida futbolística. "Personalmente, creo que el Mundial de 1982 fue sin duda el momento en el que, por utilizar una típica frase, el virus del fútbol se convirtió en parte de mi vida y de mi cuerpo. ¡Y no existen vacunas ni tratamientos contra este virus! Al recordar esos momentos, muchas cosas me vienen a la mente: mi padre, que ya no está con nosotros y que me regaló la pasión por el fútbol; la sonrisa de Paolo (Rossi), por quien estamos aquí para recordarlo, porque está aquí con nosotros".

CAPÍTULO 13

1986 LA MANO DE DIOS

Tras no haber llenado las expectativas en el Mundial de 1982, celebrado en España, la selección argentina seguía lidiando con problemas que en la cancha le impedían emplear su mejor fútbol. A pesar de tener grandes intérpretes en el engramado, la participación albiceleste en México 86' estaba en jaque.

Un tardío gol de Ricardo Gareca para empatar a dos frente a Perú, selló el pase argentino a la Copa del Mundo. Si bien se había alcanzado el objetivo de clasificar al magno evento futbolístico, no eran positivas las sensaciones con respecto al combinado dirigido por el doctor Carlos Salvador Bilardo.

Años antes, Bilardo había tomado la determinación de anunciar a Diego Armando Maradona, gran figura del Nápoli, como nuevo capitán del seleccionado argentino, quitando el "gafete" a Daniel Passarella, quien levantara la Copa del Mundo en 1978.

"En el año 83 fui a Barcelona a verlo (a Maradona) y le dije que iba a ser el capitán de la Selección", contó Bilardo en el documental *Bilardo: el doctor del fútbol*. "Cuando llegué al país, anuncié que el único titular y capitán de la Selección iba a ser Maradona. Me tuve que ir del país diez días, me querían matar, me querían ahorcar".

César Luis Menotti, entrenador de la albiceleste campeona del mundo de 1978, no ocultó su desacuerdo con el protagonismo que

recibía Maradona en el equipo. "Maradona ha perdido su identidad desde hace tiempo y cada vez va peor. Lo demuestra ahora que quiere comprarse un Rolls Royce", sentenció Menotti en una entrevista para el medio alemán *Bonn*. "El fútbol es un juego del pueblo y los profesionales de este deporte se tienen que preocupar por los intereses populares, no hacer lo que hace Maradona".

Las críticas a Bilardo llegaban desde todos lados: entrenadores, exfutbolistas y, evidentemente, la prensa. Cualquier medida empleada por el "doctor", era posteriormente cuestionada; sin embargo, Bilardo tenía plena convicción de sus procesos y métodos, después de todo, era un gran estudioso del fútbol, que además lo vivió en carne propia, ya que fue jugador, campeón de tres Copas Libertadores y una Intercontinental, derrotando al legendario Manchester United de Bobby Charlton, Denis Law y George Best.

Previo al Mundial de 1986, a celebrarse en México, el combinado argentino arribó al suelo azteca 40 días antes del puntapié inicial, buscando aclimatarse para alcanzar el mejor rendimiento físico posible. La Ciudad de México está ubicada a 2240 metros sobre el nivel del mar, lo que supone un gran problema para los atletas, ya que ahí escasea el oxígeno.

En aquella concentración, se produjeron una serie de discusiones y disputas internas entre los jugadores del seleccionado argentino. Existían dos bandos o grupos bastante marcados, liderados por Maradona y Passarella.

"Cuando por fin nos instalamos en la concentración del América, en el Distrito Federal de México, me di cuenta, así, como un *flash*, de que todo lo que pensaba no era un sueño y nada más", contó Maradona en su autobiografía *Yo soy el Diego de la gente*. "Íbamos a ser campeones del mundo. Jugamos con un equipo de ahí, del club y perdimos; fuimos a Barranquilla y empatamos 0 a 0 con el Júnior. Pero la cosa iba más allá de los resultados, mucho más. Tuvimos una reunión, sí, una reunión muy fuerte y no fue en Barranquilla, fue en México. Nos dijimos de todo, de todo… Así éramos, vivíamos de reunión en reunión. Y en una de esas fue que me agarré con Passarella".

"Y conté, delante del plantel completito, todo lo que era él, todo lo que había hecho él, todo lo que yo sabía de él. Y se armó el lío grande, ¡grande, grande! Porque en aquella Selección, hay que decirlo, había dos grupos. Por un lado, los que apoyaban a Passarella. Su banda. Ahí estaban Valdano, Bochini, varios… Passarella les había llenado la cabeza y por eso decían que nosotros habíamos llegado tarde porque estábamos tomando falopa, y que esto, y que lo otro… pero, más que nada, por supuesto, eso de que estábamos tomando falopa y esos éramos nosotros, mi grupo".

"En aquellas reuniones nació el campeón", sentenció Maradona en su libro *Mi Mundial, mi verdad*. "Hablamos del premio que íbamos a recibir si salíamos campeones… Pero nos dimos cuenta de que la guita nos importaba un carajo. Era duro: algunos ya ganábamos bien en Europa y otros pibes que ni botines tenían".

Argentina empezó la contienda de México 86' con el pie derecho, doblegando a Corea del Sur con marcador de 3-1. Valdano anotó en par de ocasiones, mientras que Ruggeri sumó un tanto. Luego se enfrentaron a la vigente campeona, Italia, en un partido que terminó con empate a uno. Alessandro Altobelli adelantó a los italianos y Maradona igualó el marcador tras una excelsa definición de pierna izquierda. Un triunfo frente a Bulgaria con tantos de Valdano y Burruchaga selló el pase de Argentina como líder de grupo a la siguiente ronda.

En los octavos de final, Argentina se enfrentó a la Uruguay de Enzo Francescoli, que se había clasificado como una de las mejores terceras de grupo, sin ganar un solo partido en la primera ronda. La Albiceleste ganó por la mínima, gracias a un tanto de Pedro Pasculli.

"Contra Uruguay jugué mi mejor partido de todo el Mundial, lejos", confesó Maradona en *Mi Mundial, mi verdad*. "Primero, porque no perdí un mano a mano; les gané a todos los uruguayos que se me pusieron enfrente. La mitad de la cancha de ellos, y ahí estaba la clave, justo ahí, no me vieron nunca, nunca me vieron. Incluso escuché que el Flaco Francescoli, en una que nos cruzamos, no me acuerdo si había bajado yo o había bajado él, les dijo: 'Pero,

escúchenme una cosa, ¡agárrenlo aunque sea de la camiseta!'. Así, tal cual. Un fenómeno, Enzo. Ya nos llevábamos bien en aquella época. Pero era un Argentina-Uruguay, y un Argentina-Uruguay se juega con dientes apretados, sin regalar nada".

Seguía Inglaterra, en un encuentro donde estaba en juego más que el pase a las semifinales. Seguía latente aquella derrota bélica de las Malvinas, donde a manos de los ingleses, cayeron más de 600 argentinos. "La sombra de la guerra de las Malvinas se cierne sobre el partido Argentina-Inglaterra de hoy", relataba el diario *El País*, mientras que el diario mexicano *Excelsior* anunciaba: "No se pierda el domingo 22 la segunda versión de la guerra de las Malvinas: Argentina-Inglaterra".

"No jugué el partido pensando que íbamos a ganar la guerra, pero sí que le íbamos a hacer honor a la memoria de los muertos, a darles un alivio a los familiares de los chicos y a sacar a Inglaterra del plano mundial... futbolístico", relató Maradona en su libro *Mi Mundial, mi verdad*. "Dejarlos afuera del Mundial en esa instancia era como hacerlos rendirse. Era una batalla, sí, pero en mi campo de batalla".

Inglaterra jugaría con su tradicional uniforme blanco, mientras que Argentina debía hacerlo con el azul alternativo, aunque eso representó un gran problema. El partido debía disputarse en pleno sol del mediodía y a la altura del DF, con la pesada camiseta azul con la que Argentina se enfrentó a Uruguay. El seleccionado albiceleste pidió a la marca Le Coq Sportif que fabricaran unas camisetas nuevas con agujeros, ideales para el calor, pero no había tiempo. La solución ante el problema fue épica.

Inglaterra se presentó en el Estadio Azteca con una oncena repleta de grandes jugadores, como su capitán y arquero Peter Shilton, Terry Butcher en la defensa, Glenn Hoddle en el centro del campo y el diferente Gary Lineker en ataque. Bilardo, por su parte, se la jugó dejando a Pasculli en el banco, aquel jugador que logró el triunfo frente a Uruguay en octavos.

El partido inició tras el silbatazo del árbitro tunecino Ali Bin Nasser, frente a más de cien mil espectadores que coparon el estadio. Se sabía que sería un encuentro de épicas proporciones, dado los intérpretes, las circunstancias y lo que estaba en juego.

Argentina e Inglaterra no se hicieron daño en los primeros 45 minutos; no obstante, la segunda parte sería una de las más recordadas en la historia de los Mundiales. Transcurriendo el minuto 51, Diego Armando Maradona, con la mano, anotó un gol que pasaría a la historia, para abrir el marcador y adelantarse a los ingleses.

"'Esta es la mía', dije. 'No sé si le voy a ganar, pero me la juego. Si me lo cobra, me lo cobra'. Salté como una rana y eso fue lo que no se esperaba Shilton. Él pensaba, creo, que yo lo iba a ir a chocar. Pero salté como una rana, fijate en las fotos; eso es lo que habla de cómo estaba mi cuerpo. Le gané a Shilton porque físicamente estaba hecho una fiera. Él saltó, sí, pero yo salté antes, porque venía mirando la pelota y en cambio él cerró los ojos", cuenta Maradona en *Mi Mundial, mi verdad*. "Le di con el puño, pero salió como si hubiera sido un zurdazo más que un cabezazo. Llegó a la red y todo. Hice así, tac, y no me podían ver nunca... Ni el juez, ni el línea, ni Shilton, que se quedó perdido buscando la pelota".

En medio de protestas por parte de los ingleses, existía una gran duda sobre si el gol había sido legal o no. "Miré al réferi, que no tomaba ninguna decisión; miré al línea, lo mismo. Y me fui corriendo a festejar. Yo decidí lo que ellos no se animaban a decidir", relata Maradona. "Cuando llegó el Checho (Batista), me preguntó: 'Lo hiciste con la mano, ¿no? ¿Lo hiciste con la mano?', y yo le contesté: 'Cerrá el orto y seguí festejando'".

Cuatro minutos más tarde, Diego Armando Maradona tomó el balón en el centro del campo y personificó la máxima expresión del fútbol en el Estadio Azteca. El 10 argentino hizo del césped su lienzo para pintar, sin discusión, el gol más hermoso en la historia de las Copas del Mundo.

En la voz de Víctor Hugo Morales, quedó la inmortal narración de aquel gol: "Ahí la tiene Maradona; lo marcan dos, pisa la pelota Maradona. Arranca por la derecha el genio de fútbol mundial, y deja el tercero, ¡y va a tocar para Burruchaga! Siempre Maradona... ¡Genio! ¡Genio! ¡Genio! Ta-ta-ta-ta-ta-tata... ¡Goooooool! ¡Goooooool! ¡Quiero llorar! ¡Dios santo! ¡Viva el fútbol! ¡Golaazo! ¡Diegooooo! ¡Maradooona! ¡Es para llorar, perdónenme! Maradona, en una corrida memorable, en la jugada de todos los tiempos, barrilete cósmico, ¿de qué planeta viniste? Para dejar en el camino tanto inglés, para que el país sea un puño apretado, gritando por Argentina... Argentina dos; Inglaterra cero. ¡Diegol, Diegol, Diego Armando Maradona! Gracias, Dios, por el fútbol, por Maradona, por estas lágrimas, por este... Argentina dos, Inglaterra cero".

"Es el gol de los sueños, el gol de los sueños", recuerda Maradona. "Nosotros, los futbolistas, siempre soñamos con anotar el mejor gol de la historia. Lo soñamos y lo tenemos en la cabeza... Y la verdad fue que, para mí, hacer ese gol fue fantástico. Y en el Mundial, ¡increíble!".

A nueve minutos del final, Gary Lineker descontó por los ingleses, aunque ya era demasiado tarde. La Albiceleste avanzó a las semifinales de la Copa del Mundo, brindando al pueblo argentino una gran alegría.

En las semifinales volvió a aparecer Maradona con dos tantos en los minutos 51 y 63, para derrotar a la fuerte Bélgica de Jean-Marie Pfaff, Eric Gerets y Jan Ceulemans. Ocho años después, Argentina regresaba a la final de una Copa del Mundo.

Nuevamente en el Estadio Azteca, el combinado argentino se enfrentó a Alemania Occidental, un poderosísimo equipo con figuras de la talla de Lothar Matthäus, Andreas Brehme, Karl-Heinz Rummenigge y pare usted de contar; era un equipazo.

José Luis Brown, quien tuvo la gran responsabilidad de cubrir el espacio dejado por Daniel Passarella en la zaga central, adelantó a los argentinos a los 23 minutos. En la segunda parte, Jorge Valdano amplió la ventaja en el marcador. Todo indicaba que el partido ya estaba definido y que era cuestión de tiempo para que Argentina sumara su segunda estrella; no obstante, nunca se puede dar por muertos a los alemanes.

En el minuto 74, Rudi Völler logró desviar un córner para que Rummenigge empujara el balón al arco custodiado por Pumpido, descontando el marcador que reflejaba un 2-1 argentino. Siete minutos más tarde, fue el mismo Rudi Völler quien anotó el gol del empate, nuevamente desde un tiro de esquina, para igualar las acciones por 2-2.

Aunque el gol del empate alemán fue un duro golpe para la oncena argentina, el equipo se mantuvo en pie de batalla y luchó hasta última instancia. Al minuto 84, Maradona, porque no podía ser otro, lanzó un preciso pase entre líneas desde el círculo central para habilitar a Jorge Burruchaga, dejándolo mano a mano con el arquero Schumacher, a quien batió con un leve toque rastrero al segundo poste. Minutos más tarde, Argentina se coronaba como campeona del mundo por segunda vez en su historia.

"Ese fue el momento más sublime de mi carrera, no hay nada que se le pueda comparar. Por la forma, además, por la forma, viejo. Terminamos invictos, metimos como 14 goles; nadie nos superó", cuenta Maradona. "El más luchado, el más sentido, el más merecido y el más indiscutible es el nuestro, el de México 86. Hablo de ese Mundial y se me ilumina la cara. Y se me va a seguir iluminando hasta el día que me muera".

La actuación de Diego Armando Maradona en México 86' es considerada como la más trascendental en la historia de la Copa del Mundo, no solo su fútbol hecho arte, sino también por su importancia como líder de grupo y su gallardía para aparecer en los momentos más difíciles, cuando rivales de peso se hacían grandes, porque en la cancha no hubo uno más grande que el 10.

CAPÍTULO 14

1990 ROGER MILLA Y LOS LEONES INDOMABLES

Camerún es la cara africana histórica de las Copa del Mundo. Con ocho participaciones en el magno evento y 23 partidos disputados, superan a cualquier otra nación del continente. Siendo el fútbol el deporte de preferencia en el país, Camerún ha visto nacer muy buenos jugadores: Samuel Eto'o el más recordado.

Previo al Mundial de 1990, a celebrarse en Italia, los elencos africanos no tuvieron actuaciones positivas: Luego de 13 ediciones, ninguna de las selecciones africanas pudo avanzar a la segunda ronda, demostrando la debilidad que había en la zona con respecto al resto de los equipos.

"Los leones indomables", con el delantero Roger Milla y el arquero Thomas N'Kono en plan estelar, cayeron en la fase de grupo de 1982, tras empatar los tres encuentros contra Perú, Polonia e Italia, que luego se convertiría en la campeona de esa edición. Si bien no fue suficiente para avanzar de ronda, generó buenas sensaciones por no sucumbir frente a los grandes equipos, como sí lo habían hecho el resto de los combinados africanos.

"Esta competición me dejó un sabor amargo. Tuvimos tres empates, pero si no nos hubieran robado, habríamos llegado más lejos", recordó el atacante Roger Milla en entrevista con FUTBOLISTA. "Pienso en mi gol contra Perú, en el que no estaba en fuera de juego. Hubo una prueba de este error cuando el árbitro fue envia-

do a casa después del partido. Si hubiéramos ganado a Perú, nos habríamos clasificado e Italia habría quedado eliminada".

Luego de ausentarse a la cita de 1986, quedando fuera en las eliminatorias africanas, Camerún regresaría a la Copa del Mundo en 1990, con la misión de mejorar su previa actuación en el certamen. El ruso Valery Nepomnyashchy, entrenador de la selección desde 1988, sería el encargado de guiar al equipo en Italia.

Nepomnyashchy recuerda que la barrera del idioma fue un inconveniente al principio de su gestión como seleccionador, aunque el tiempo le permitió sacar lo mejor de cada jugador. "Mi traductor era un joven llamado Galius, pero el problema era que nunca había estudiado ruso. Cuando era más joven, entrenó con el boxeador ruso Stanislav Stepashkin y aprendió algunas palabras", comentó Valery Nepomnyashchy en FIFA.com. Su ruso no era mejor que mi francés. Además, era un aficionado muy apasionado y, durante los partidos, cuando tenía que dar instrucciones a los jugadores, tenía que poner a Galius literalmente en acción. Estaba tan absorto en el partido, sentado con los ojos bien abiertos. Le gritaba 'Galius', pero no me oía".

Hasta el momento, la gran duda era la presencia del mítico Roger Milla en el venidero Mundial. El veterano atacante de 38 años, en ese momento jugando para el modesto JS Saint-Pierroise, del país africano Réunion, ya había vivido sus mejores días como futbolista, cuando hizo temblar el campeonato francés en la década de los 80. El deseo de verlo jugar en el Mundial fue tal, que hubo importantes presiones sobre el futbolista. "Me llamó el presidente de Camerún. Habría sido difícil rechazar su decisión. Así que honré con orgullo la llamada del presidente", contó Milla.

El estreno camerunés en el Mundial de 1990 fue nada más ni nada menos que contra la vigente campeona, la poderosa Argentina de Diego Armando Maradona. Se daba por hecho el triunfo albiceleste en el estadio San Siro de Milán. Los dirigidos por Bilardo tenían un gran equipo, mientras que los países africanos nunca habían plantado cara en la copa.

"Los jugadores se dieron cuenta de que Maradona y las demás estrellas se tomaban las cosas con calma", recordó el entrenador Nepomnyashchy. "Los cameruneses lo interpretaron como que Argentina no los respetaba del todo, así que decidimos jugar lo más físicamente posible".

La estrategia camerunesa era bastante clara y obvia: se debía intentar anular la magia de Maradona, para así tener alguna posibilidad de puntuar. "Teníamos confianza. Estábamos dispuestos a hacer un buen Mundial y sabíamos que teníamos que empezar con buen pie", declaró Milla en *FourFourTwo*. "Nuestra táctica para ese primer partido era simplemente dejar fuera a Maradona. Sabíamos que si manteníamos a Maradona callado, teníamos una oportunidad".

Durante la primera parte, el elenco camerunés logró mantener su arco en cero, aunque apeló a una fuerza desmedida para impedir los ataques argentinos. Se recuerda una fuerte patada frontal del defensor Victor N'Dip a Maradona: "Si no sacaba la cabeza, me la arrancaba. Vi un botín y atiné a sacar la cabeza, me pegó en el hombro", recordó Maradona tiempo después.

Iniciado el tiempo complementario, el entrenador argentino Carlos Bilardo decidió sustituir al zaguero Óscar Ruggeri por el hábil Claudio Caniggia, para atacar con mayor profundidad y abrir el marcador; no obstante, Caniggia fue recibido en la cancha con múltiples patadas camerunesas, impidiéndole emplear su mejor juego.

El rústico y físico juego camerunés les iba a pasar factura. En el minuto 61, Maradona lanzó un pase en profundidad a Caniggia, quien avanzaba en dirección al arco contrario. El centrocampista africano André Kana-Biyik derribó al atacante argentino y se fue expulsado. Daba la sensación de que, con un hombre menos, Camerún sucumbiría en cualquier momento ante el talento argentino.

Lo asombroso del fútbol es que todo puede pasar en cualquier momento, en un abrir y cerrar de ojos; lo más improbable se materializa.

Cinco minutos tras la expulsión, Thomas Libiih ejecutó un tiro libre desde el costado izquierdo, lanzando un débil centro al área argentina. El defensor Néstor Lorenzo estuvo deficiente en el rechazo y François Omam-Biyik se elevó por encima de Roberto Sensini para rematar sin fuerza al arco. Por fortuna para los africanos, el versado guardameta Nery Pumpido falló en la detención del balón, dejándolo entrar al arco para adelantar a los africanos 1-0.

"Nadie pensaba que pudiéramos hacer nada aquí contra Maradona, pero sabíamos lo que podíamos hacer", dijo el goleador François Omam-Biyik después del partido. "Odiamos que los periodistas europeos nos pregunten si comemos monos y tenemos un brujo. Somos verdaderos jugadores de fútbol y lo hemos demostrado esta noche".

El estadio San Siro se había convertido en una caldera con más de 72 000 almas alentando; nadie podía creer lo que estaba sucediendo. Camerún, con diez hombres en la cancha, estaba superando a la campeona del mundo en su estreno mundialista de 1990. Con alrededor de 23 minutos por jugarse, la incógnita era si los africanos podían soportar los ataques del rival, pues Argentina tenía talento de sobra para dar vuelta al marcador.

A dos minutos del final, Claudio Caniggia volvió a desplegar su magia, arrancando desde su propio campo, dejando atrás a dos rivales mientras intentaban bajarlo a patadas. Una vez en campo contrario, Caniggia recibió un fuerte golpe cuando se acercaba al área rival, significando la expulsión del defensor Benjamin Massing. Camerún se quedó con nueve jugadores y debía aguantar los instantes finales del partido.

"Les expliqué a los jugadores que Argentina aspiraba a llegar a la final y que se estaba preparando para jugar siete partidos, por lo que se iban a guardar un poco en el primer partido", rememoró Nepomnyashchy. "Cuando vimos la sensación de alarma en sus ojos, supimos que podíamos ganar. Incluso cuando nos quedamos con nueve hombres, no entramos en pánico".

Contra todo pronóstico, Camerún dio la sorpresa y derrotó a la Argentina de Maradona, siendo este el triunfo más importante de la nación africana en los Mundiales. Aunque mucho se habló del rústico juego camerunés, el capitán argentino dio la cara por el equipo en la derrota: "No creo que tuvieran la intención de golpearnos para ganar el partido", dijo Maradona. "No puedo discutir y no puedo poner excusas. Si Camerún ganó, fue porque fue el mejor equipo".

Más adelante, Camerún doblegó a Rumania con marcador de 2-1, siendo Roger Milla, entrando desde el banquillo, la gran figura del encuentro. El veterano atacante de 38 años anotó dos tantos y en uno de ellos realizó una icónica y siempre recordada celebración en los Mundiales, cuando salió corriendo al banderín de córner. Ahí bailó con una mano en la cabeza y la otra en la cintura.

"Esta celebración ha seguido dejando huella en todo el mundo", contó emocionado Roger Milla. "Curiosamente, fue completamente improvisada. No sé qué me llevó a celebrarlo de esta manera. Fue una forma de agradecer a todos los seguidores y a los que me apoyaron".

Tras caer frente a la Unión Soviética en el último partido de la fase, Camerún aseguró su pase a los octavos de final como líder de grupo, mientras que Rumania y Argentina ocuparon el segundo y tercer puesto, respectivamente. Por primera vez en la historia, un equipo africano había trascendido a la siguiente ronda.

Seguía Colombia en Nápoles, un buen equipo liderado por el mítico Carlos "El Pibe" Valderrama, junto a otras figuras como Freddy Rincón y el recordado arquero René Higuita, conocido por ser atrevido, asumiendo protagonismo con el balón en sus pies y constantemente abandonando su pórtico.

"En aquella época me decían que copiaba a Hugo Gatti. Recuerdo ir de pequeño al estadio y ver a buenos arqueros que cuando llegaban al balón antes que el delantero, lo tiraban al lateral. Arqueros excelentes bajo los tres palos y yo pensaba: '¿No pueden jugar con los pies?'", explicó Higuita en entrevista con FIFA.com.

“Si el balón no sale, está en juego y mientras esté en juego el equipo tiene la posibilidad de ir y marcar. ¿Para qué se la vamos a dar al rival?”.

El encuentro no tuvo goles en los 90 minutos reglamentarios y fue en la prórroga donde estuvo la acción. Roger Milla, ingresado en el segundo tiempo, logró empalmar un balón para darle la ventaja a Camerún a los 106 minutos. La segunda anotación camerunesa llegaría nuevamente en los pies de Milla, quien sorprendió al arquero Higuita mientras intentaba salir jugando, para luego rematar a puerta vacía y anotar el segundo tanto africano.

“Fue increíble. No esperaba que Higuita cometiera ese tipo de error”, confesó Milla tiempo después. “Solía ver sus partidos con Valderrama cuando estaba en el Montpellier, porque la televisión francesa transmitía sus partidos. Mis entrenadores Peter Schnittger y Claude Le Roy siempre me decían que tenía que estar muy cerca de la línea central y del portero. Intenté seguir sus instrucciones y fue un éxito total contra Higuita”.

Aunque Higuita fue tildado como culpable del revés colombiano en aquella copa, el arquero considera que ha dejado un legado gracias a su innovador estilo de juego: “Han sido más las cosas positivas que los errores, aunque uno fue esa jugada contra Camerún. Pero miremos que después de ver a René Higuita jugar así, se cambió el reglamento. Se decidió que los arqueros tengan que jugar con los pies. A usted le devuelven el balón y ya no lo puede agarrar de nuevo con las manos. Eso no lo han logrado Pelé, ni Maradona, ni Messi”.

Camerún alcanzaba los cuartos de final y por primera vez un equipo africano se ubicaba entre los ocho mejores del mundo. Hasta ese momento, lo alcanzado por “Los leones indomables” era sorprendente e impensado, aunque con el pasar del tiempo esta gesta tomaría aún mayor dimensión.

“No nos dimos cuenta inmediatamente, pero con los años empezamos a entender lo que conseguimos. Fuimos el primer país africano en llegar a los cuartos de final del Mundial”, contó Milla a

FUTBOLISTA. "Nuestra actuación permitió que se tomara en serio a los africanos. Además, no soy yo quien lo dice, sino los numerosos periodistas, internautas y expertos en fútbol de todo el mundo".

El equipo de Milla cayó en los cuartos de final en un digno partido frente a la potente selección inglesa de Paul Gascoigne y Peter Shilton. En un encuentro que se extendió hasta el tiempo extra, el astro inglés Gary Lineker convirtió dos penales para darle el triunfo 3-2 a su equipo.

La actuación de Camerún en Italia 90' marcó un antes y un después para los equipos africanos en la Copa del Mundo, y de cómo eran percibidos ante los ojos del mundo. "Ese Mundial fue un antes y un después, sí", explicó el arquero Thomas N'Kono para Infobae. "Si para Italia solo clasificaban dos africanos, después de ese Mundial se ganaron tres plazas más hasta tener cinco participantes; eso es lo más importante. Y eso hizo pensar a las generaciones que venían atrás, que con trabajo y disciplina se podía lograr algo así. El Mundial es una competición muy corta, hay que estar físicamente frescos y con una concentración extrema. Nosotros llegamos muy bien a Italia".

Roger Milla regresaría con 42 años a la edición de 1994, convirtiéndose en el goleador más veterano en la historia de los Mundiales, una marca que aún se sostiene hasta la fecha. También logró el hito de ser el jugador de mayor edad en una Copa del Mundo; no obstante, la marca fue superada por los arqueros Faryd Mondragón (43) en 2014 y Essam El Hadary (45) en 2018.

LAS NECESIDADES DE GOYCOCHEA, EL HÉROE INESPERADO

Mientras se disputa un partido de fútbol, toda la atención está encima de la acción entre los límites de las líneas del campo y, por qué no, ahí sucede todo lo que en directa proporción afectará el resultado del encuentro.

Fuera de la cancha se encuentra el banquillo, un sitio donde se toman decisiones importantes y el lugar donde se encuentran los

suplentes, quienes esperan su oportunidad para suplir a un compañero y demostrar que merecen estar dentro del campo.

Los jugadores de campo, por las características del juego, siempre tendrán mayores oportunidades de ingresar al juego en algún momento del partido o la temporada, no así los arqueros que, salvo casos puntuales, permanecerán en el banquillo a lo largo del torneo; más aún, si la justa es corta.

En la Copa del Mundo de 1990, celebrada en Italia, se produjo una de las historias más sorprendentes y apasionantes en cuanto a arqueros del torneo. De un momento a otro, el destino puede cambiar su curso y convertir un suplente en una influyente gloria deportiva.

La selección de Argentina llegaba a Italia con una gran expectativa: era la vigente campeona del mundo y aún conservaba a sus más grandes figuras, como Diego Armando Maradona, por supuesto; además de Óscar Ruggeri, Sergio Batista, Nery Pumpido y su entrenador, el doctor Carlos Salvador Bilardo.

El inicio del torneo no fue sencillo para la Albiceleste: los vigentes campeones sucumbieron 1-0 ante la modesta Camerún en el partido inicial, reduciendo el margen de error al mínimo. En los dos próximos compromisos, Argentina debía superar a la Unión Soviética y Rumania para evitar una prematura y estrepitosa eliminación.

Transcurriendo el minuto 11 del encuentro frente a la Unión Soviética, se suscitó un hecho que cambiaría rotundamente el curso de Italia 90': en un intento de rechace, el arquero Pumpido chocó su pierna derecha con la de su compañero Julio Olarticoechea, lo que produjo una fractura de tibia y peroné. Enseguida, tras el tropiezo, Pumpido levantó su mano, indicando que no podía seguir jugando y que debía hacerse un cambio.

"Me di cuenta enseguida de lo que me pasó. Por el dolor, por todo", comentó Pumpido a Infobae. Lo tomé con tranquilidad. El fútbol me dio todos los títulos. Fui ganador de todo lo que jugué. Una lesión es algo que puede pasar dentro de un campo de juego. Al principio lo tomé con bronca, pero después pensé todas estas cosas y lo tomé con tranquilidad. Por suerte fue una recuperación rápida".

El señalado para suplir a Pumpido fue Sergio Goycochea, en ese momento arquero del Millonarios colombiano. Goyco, como también era conocido el arquero, solo había disputado un partido con la selección albiceleste, en 1987, cuando hizo su debut internacional. Si Argentina la había pasado mal ante Camerún, la ausencia de un portero campeón del mundo como Pumpido solo apuntaba al fracaso.

"El cambio táctico de arquero en una Copa del Mundo es imposible. Salvo una lesión o una expulsión, que —por otro lado— era difícil porque podíamos recibir de un compañero atrás y agarrar la pelota con las manos; no existían esas jugadas que nos ponen en riesgo", explicó Goycochea a *Clarín*. "Y si bien no fui a pasear, sabía que iba a mirar el Mundial en primera fila y con la platea paga. No me generé otra expectativa. Era un logro estar en la lista, pero mis chances de atajar, muy remotas".

Con goles de Troglio y Burruchaga, Argentina doblegó 2-0 a la Unión Soviética, alcanzando su primera y única victoria en la fase de grupos. Seguía la Rumania del inspirado Gheorghe Hagi, donde un empate podía asegurar la continuidad albiceleste en el torneo, aunque era mejor el triunfo para quedar en un lado más "accesible" del *bracket*.

"Esos días me mataron porque tuve tiempo para pensar lo que me iba a jugar: podíamos quedar afuera del Mundial", recordó Goycochea a *La Nación*. "Con el empate garantizamos estar entre los mejores terceros, pero no sabíamos para qué lado de la llave íbamos a disparar".

Finalmente, Argentina empató a uno frente a Rumania, con goles de Monzón y Ballint. Aunque el resultado bastó para avanzar como tercera, la Albiceleste ahora debía enfrentarse a la poderosa Brasil, a diferencia de los otros clasificados de su grupo. Camerún se mediría frente a Colombia, mientras que Rumania haría lo propio frente a la República de Irlanda.

Brasil, con importantes figuras como Dunga, Taffarel y Branco, arrasó en la fase de grupos con tres triunfos en tres presentaciones. Todo apuntaba a que la *verdeamarelha* doblegaría a su acérrimo rival argentino en los octavos de final.

Por cosas del fútbol y tras un disputado encuentro, los dirigidos por Bilardo se llevaron el triunfo gracias a un gol de Claudio Caniggia al minuto 81. La victoria —sin dudas— fue un punto de inflexión en la copa: Argentina pasó de clasificar con lo justo, a doblegar una de las favoritas para llevarse el trofeo.

"El fútbol tiene estas cosas que hay un montón de situaciones que no refleja el resultado con lo que pasó en el partido. El ejemplo más claro es con Brasil", contó Goycochea al medio *Doble Amarilla*. "Capaz que si el partido era ida y vuelta no teníamos chance. Es un partido que jamás volverá a repetirse y, por fortuna, la suerte estuvo con nosotros. Con Brasil jugas diez veces y perdés nueve, y sin embargo en Italia le ganamos".

Seguía Yugoslavia, un combinado que no era candidato; no obstante, contaba con buenos jugadores como Sušić, Vujović, Prosinečki y Dragan Stojković. En la etapa anterior, vencieron 2-1 a la difícil selección española de Zubizarreta, Sanchís y Butragueño.

Tras mantenerse el cero en el marcador durante 120 minutos, el pase a las semifinales debía definirse a través de lanzamientos desde el punto penal. La presión y los nervios alcanzaron su máximo punto en el Stadio Marc'Antonio Bentegodi de Verona, cuando argentinos y yugoslavos se disponían a ejecutar sus disparos.

"Surgió por una necesidad, era una realidad que tenía que hacer pis, no es que era una cábala que ya tenía. Porque con Yugoslavia hacía un calor bárbaro, jugamos a la tarde, tomé un montón de líquido y después no podía dejar el campo de juego. Entonces tenía que hacer ahí adentro de la cancha", contó Goycochea al *Diario Olé*. "Hice adentro de la cancha, me rodearon algunos compañeros. La ventaja de las bermudas es que las podés recoger, hacés como que elongás y no queda algo tan grosero. Cada vez con más cuidado. Hoy con tantas cámaras sería imposible".

Serrizuela y Burruchaga convirtieron sus tiros, mientras que Maradona, para sorpresa de todos, erró su disparo. Con las conversiones de Prosinečki y Savićević, la serie estaba igualada a dos tantos. "Sentí una rabia terrible cuando erré el penal. Ivković ya me había atajado uno en Napoli", recordó Maradona en entrevista con ESPN. Aunque "el diez" vivía una bronca sin igual, Goycochea, con plena confianza, le afirmó a su capitán: "Quédate tranquilo, monstruo, que atajo los dos".

Tan seguro estaba Goycochea que detuvo los dos últimos disparos de la tanda, frente a Brnović y Hadžibegić. "Algunos compañeros me daban información, como (Gabriel) Calderón de Hadžibegić, el último de Yugoslavia", contó Goycochea al *Diario Olé*. "Él había jugado con él en el Betis de España y me decía que normalmente los pateaba a mi mano izquierda, que es donde finalmente lo terminó pateando. Pero tampoco es que salí despedido hacia ahí; esperé, llegó, inclinó el cuerpo y ya en el último paso, no es que supe, pero daba toda la impresión de que iba ir hacia donde finalmente fue".

Aquel arquero de 26 años, cuyas posibilidades de ver minutos en la Copa del Mundo eran escasas, se había convertido en el gran héroe de los cuartos de final, dando la cara por sus compañeros en el momento más difícil.

Ya en semifinales, Argentina debía enfrentar en Nápoles a la poderosa selección italiana, tres veces campeona del mundo y anfitriona del torneo. La *Azzurri* contaba con un implacable equipo: Baresi, Bergomi, Maldini, Zenga, Schillaci, Baggio y otros. El partido era especial: Maradona, con su selección, jugaría en el Stadio San Paolo, recinto donde hizo historia con el Napoli.

Salvatore Schillaci adelantó a los locales en el minuto 17, mientras que nuevamente fue Caniggia quien se hizo sentir en el marcador, para sentenciar el 1-1 que se mantuvo durante 120 minutos. De nueva cuenta, el primer gran finalista iba a decidirse desde el punto penal.

Carlos Bilardo, seleccionador argentino, era conocido por sus cábalas dentro y fuera de la cancha; sobran testimonios e historias que hacen referencia a esta particular obsesión. Previo a los lanzamientos frente a Italia, Goycochea no tenía necesidad de orinar, como sí lo había hecho contra Yugoslavia; no obstante, Bilardo le ordenó que volviera a hacerlo.

Curiosamente, Goycochea volvió a vestirse de héroe, deteniendo a Donadoni y Serena los dos últimos penales de la tanda. Goyco volvía a convertirse en héroe y su imagen como pieza fundamental del elenco argentino en el torneo seguía creciendo.

"Una serie de cosas que iban ayudando y que uno iba analizando; es la realidad. Serena, pienso yo: 1,93, zurdo, cerrado, técnicamente muy poco dotado, me iba a patear un penal de la mitad del arco hacia a la izquierda", explicó Goycochea al *Diario Olé*. "Tal vez luego venía y pateaba con el dedo chico del pie izquierdo y me la clavaba en el otro ángulo. Pero el pelotazo iba a venir siempre para mi mano izquierda. Era muy fácil de leer el gesto del cuerpo en caso de que hubiera querido cambiar de palo".

El encuentro definitorio sería frente a Alemania, reeditando la final de 1986 donde los argentinos se alzaron con el triunfo. Los alemanes habían tenido un gran torneo, superando en fase final a Países Bajos, Checoslovaquia e Inglaterra, contando con nombres de la talla de Matthäus, Brehme, Klinsmann y Völler.

Se mantuvo la paridad a cero en el marcador en un reñido encuentro y, a pocos minutos del final, el defensor argentino Néstor Lorenzo se barrió en el área para sacarle el balón al atacante germano Rudi Völler, quien cayó al engramado, ganando un penal. Hubo polémica tras la sentencia, ya que Lorenzo logró tocar y rechazar la esférica; no obstante, la decisión del árbitro Edgardo Codesal ya estaba tomada.

Los argentinos protestaron durante unos minutos, pues sabían que con menos de cinco minutos por disputarse, recibir un gol en esas instancias significaba la derrota. Rodearon y encararon al árbitro, Maradona, Sensini, Juan Simón y Troglio; este último siendo amonestado.

"Lo peor fue la espera de seis o siete minutos antes de que pudiera tirarlo", recuerda Brehme. "Los argentinos estuvieron discutiendo ese tiempo con el árbitro y sacaron el balón del campo. Pero cuando me metí en el área, me concentré en el disparo".

Goycochea, quien se había convertido en el gran héroe del torneo gracias a sus vitales intervenciones en los penales, debía detener uno más para mantener en carrera a su equipo. Del otro lado estaba Andreas Brehme, técnicamente uno de los mejores de su época, quien siendo zurdo, también ejecutaba eficazmente los disparos con su pierna derecha.

El veterano alemán cruzó el balón a ras de césped con su pierna derecha, batiendo a Goycochea que, a pesar de acertar el lado hacia donde fue el disparo, no pudo impedir el gol. "Tenía la fuerza justa, la precisión casi perfecta", contó Goycochea a *Clarín*. "Lo tenía visto a Brehme. Pateaba todas las pelotas paradas de Alemania. Jugaba de lateral izquierdo, pero manejaba las dos piernas. Y por la forma en la que se paró, pensé que le iba a meter un chanflazo fuerte arriba. Así le había hecho un gol a Holanda, enganchando. Era una pegada muy incorporada; nunca imaginé que la iba a meter de rastrón".

Los instantes finales fueron de poco fútbol, la pena máxima otorgada a los alemanes había roto el partido. Gustavo Dezotti se fue expulsado y Maradona fue amonestado al minuto 87. Era cuestión de segundos para que Alemania conquistara su tercer Mundial en el Stadio Olímpico de Roma.

Sergio Goycochea, contra todo pronóstico al ser suplente, realizó una de las mejores actuaciones para porteros en la Copa del Mundo: le patearon 11 disparos desde el punto penal, atajando cuatro y encajando seis, de los cuales en muchos acertó el lugar de disparo. El disparo restante chocó contra el poste.

La Copa del Mundo siempre nos sorprende y las historias de los héroes inesperados son de las más apasionantes. Tras su actua-

ción en Italia 90', Goycochea se alzó campeón con Argentina en la Copa King Fahd (que después se convertiría en la Copa Confederaciones). También ganó las Copas América de 1991 y 1993, para luego conquistar el trofeo Artemio Franchi por penales frente a la campeona europea, Dinamarca. Pasaron 28 años para que la Albiceleste pudiera volver a ganar un trofeo internacional, cuando en 2021, de la mano de Lionel Messi y Ángel Di María, conquistaron la Copa América.

CAPÍTULO 15

1994 EL AUTOGOL DE LA MUERTE

La Copa del Mundo es un escenario más global y trascendente que ningún otro. Su repercusión es tal, que desata una pasión incontrolable e indescriptible en los fanáticos y la población de un país en general.

El torneo, en muchos casos, nos llena de ilusión y nos hace creer; nos brinda momentos inmortales en nuestra memoria. En otras situaciones, bastante lamentables, la pasión cruza la línea y se olvida de que el fútbol es un juego, llevando a atentar contra la vida o integridad de otro.

Previo al Mundial de 1994, en Colombia se sentía un gran optimismo de cara al certamen, a disputarse en los Estados Unidos. Aquella generación del 90, que había alcanzado los octavos de final con un equipo de ensueño: era una de las favoritas para ganarlo todo.

El liderazgo de Carlos "El Pibe" Valderrama, el olfato goleador de Faustino Aprilla, Freddy Rincón en un dulce momento de su carrera y la seguridad de Óscar Córdoba bajo los tres palos, hacían no solo creer, sino afirmar que Colombia podía ser campeona del mundo.

Los dirigidos por Francisco Maturana dominaron la eliminatoria sudamericana, ganando cuatro y empatando dos encuentros,

superando un grupo con Paraguay, Perú y Argentina, a quienes golearon 5-0 en el Estadio Monumental de Buenos Aires.

Hernán "Bolillo" Gómez, en ese momento asistente técnico del combinado colombiano, le advirtió al entrenador Maturana lo que venía, pues ahora la expectativa sobre el equipo había alcanzado latitudes impensadas: "Pacho, la cagamos. Ahora tendremos que ganar la Copa del Mundo".

Llegado el Mundial de 1994, Colombia compartió grupo con Suiza, Estados Unidos y Rumania. Bastante accesible, considerando que evitaron rivales de mayor envergadura, como Alemania, Italia y los Países Bajos.

En su estreno frente a Rumania, el combinado colombiano no se sintió cómodo en la cancha y mostraron su peor versión. Del otro lado estaba el *crack* Gheorghe Hagi, el número 10 y capitán que tuvo una inspirada noche. El hábil centrocampista repartió dos asistencias con clara precisión y marcó un hermoso gol de larga distancia para darle el triunfo a los rumanos 3-1.

Aunque la derrota fue dura, se entendía que todos los estrenos mundialistas son complicados y que ahora se debía ganar como fuera a Estados Unidos que, si bien era el equipo anfitrión, no debía representar problemas para los dirigidos por Maturana.

En la previa, los jugadores saltaron al campo envueltos en un clima extremadamente hostil. Los entrenadores Pacho Maturana, Bolillo Gómez y el jugador Barrabás Gómez fueron amenazados de muerte.

"En ese momento el equipo se quiebra, no sabe cómo reaccionar y yo creo que ningún ser humano sabe reaccionar cuando te llega una amenaza de muerte", explicó el arquero Oscar Córdoba años después. "Lo que pasó dentro del terreno de juego fue respuesta a lo que sentía el equipo. Era un grupo muerto porque sientes que tu propio país torpedea aquella ilusión".

Al minuto 35 de partido, el zaguero central Andrés Escobar, quien fuera clave en el equipo, no pudo virar un remate rival, desviándolo hacia su propio arco para darle la ventaja a los Estados Unidos. Colombia terminó cayendo 2-1 y prácticamente quedando fuera del torneo.

"El hecho de que se nos diese por campeones del Mundo antes de jugar nos perjudicó", reflexionaba Andrés Escobar tras la eliminación. "Toda la prensa y la afición tenía mucha confianza y eso generaba presión, porque en el fútbol todo puede pasar, como se ha demostrado".

En su última presentación, Colombia finalmente mostraría su verdadero fútbol, aunque ya era demasiado tarde. Con goles de Gaviria y Lozano, Los Cafeteros doblegaron 2-0 a Suiza; sin embargo, no fue suficiente para trascender de ronda, quedando fuera del Mundial. El sueño había acabado.

Poco tiempo después, en una de sus columnas para el diario *El Tiempo* de Bogotá, Andrés Escobar manifestó su dolor y pesar por todo lo ocurrido en Estados Unidos; más aun, cargando el dolor de haber marcado un autogol: "La verdad, todavía no encuentro una explicación de fondo para este fracaso. Un equipo que trabaja tanto, la forma como se entrena, la preparación que se hizo, no estuvo a la altura de la responsabilidad; jamás encontró claridad ni altura futbolística. Fallamos en el momento decisivo. Y queda uno desarmado cuando le preguntan las causas. Personalmente, jamás esperé un hecho de esta índole, verse derrotado, liquidado, sin poder reaccionar".

En la madrugada del 2 de julio en Medellín, Andrés Escobar fue asesinado. Aunque existe infinidad de teorías, se cree que su autogol ocasionó pérdidas en apuestas a un grupo de mafiosos o narcotraficantes. Otros consideran que el fanatismo de un individuo quiso vengar su frustración con el mismo futbolista.

Aproximadamente a las 3:00 de la mañana siguiente, Escobar estaba solo en un estacionamiento, en su coche, y se demoró en mover su auto para darle paso a una camioneta. En medio de discusiones, dos hombres sacaron sus pistolas e hirieron al defensor Escobar, recibiendo múltiples disparos. Cuentan que el asesino

gritó "¡Gol!" tras cada disparo. Los asesinos se marcharon una camioneta Toyota, dejando a Escobar desangrándose. El internacional colombiano fue trasladado al hospital, donde murió 45 minutos después.

Esa misma noche, Humberto Castro Muñoz, guardaespaldas de algunos miembros de un poderoso cártel de la droga, confesó el asesinato. Posteriormente, fue condenado a 43 años de prisión, aunque solo cumplió 11 y fue puesto en libertad en 2005.

"Eso no se supera. Lo de Andrés no pasó en ninguna otra parte del mundo", contó el capitán Valderrama, en televisión argentina. "Fue un momento bravo, quedamos eliminados y nos ofrecieron volver a Colombia o quedarnos un tiempo en Estados Unidos. Yo me quedé. Cuando regreso en el avión, ese día sucede lo de Andrés y me avisó una azafata. Me dijo que asesinaron a un compañero mío; todavía estoy temblando. No me podía parar de la silla. No me quiso decir que había sido Andrés Escobar. Pasa el tiempo y nunca se me va a olvidar, que por jugar al fútbol lo asesinen a uno".

Todo este lamentable y desgraciado suceso se dio en un momento importante para Andrés Escobar. El nacido en Medellín se casaría en unos meses con su novia Pamela y ya estaban haciendo preparativos para su nueva vida juntos: el fichaje del defensor al Milan estaba prácticamente hecho, lo que daría inicio a una nueva vida en Italia, donde se jugaba el mejor campeonato local del planeta.

"Este es el día más triste que haya vivido en el fútbol, ya sea en una Copa Mundial o en otras competencias. Si algo malo ocurre por accidente, uno lo puede atribuir a la mano de Dios. Pero cuando alguien mata a tiros a una persona porque cometió un error en un partido, es señal de que algo anda mal", dijo el entonces secretario general de la FIFA, Joseph Blatter.

El asesinato de Andrés Escobar siempre será recordado como uno de los días más oscuros en la historia del balompié. Por más importante que parezca, un partido de fútbol jamás puede ser motivo para atentar contra la vida de otro ser humano.

CAPÍTULO 16

1998 EL MISTERIO DE RONALDO

A lo largo del Mundial de 1998, celebrado en Francia, hubo una figura notable cuyo brillo eclipsó al resto de los futbolistas. Ronaldo Luís Nazário de Lima, mejor conocido como Ronaldo, combinaba un repertorio de habilidades que quizá no se hayan vuelto a ver: potencia física, velocidad, definición e instinto de *killer*, gambeta y un juego alegre, hacían del brasileño, por lejos, el mejor del mundo en aquel momento.

Brasil arrasó en su camino a la gran final, liderando la fase de grupos y luego doblegando con buen fútbol a Chile y Dinamarca en octavos y cuartos de final. En las semifinales se toparon con una aguerrida Holanda, a la que vencieron por penales para nuevamente clasificar a la final.

Todo apuntaba a que la *verdeamarelha* repetiría como campeona del mundo y, cómo no, contando con una generación histórica de jugadores, de los que se sigue hablando hasta el día de hoy: Rivaldo, Roberto Carlos, Cafú, Dunga, Taffarel, Ronaldo y muchos otros.

Ronaldo llegó en gran momento a la final frente a Francia, a celebrarse en el Stade de France de Saint-Denis, marcando cuatro goles: a Marruecos, Chile, Dinamarca y Países Bajos; además, repartiendo tres asistencias. Más allá de los números, su juego era excelso.

Llegado el día de la final, celebrada el 12 de julio de 1998, se produjo uno de los sucesos más misteriosos y extraños en la historia de los Mundiales. Una vez publicados los onces iniciales, se notó la gran ausencia de Ronaldo, entrando Edmundo como su sustituto. La exclusión de *O Fenómeno* tomó a todos por sorpresa.

"Las hojas de equipo fueron repartidas por los comisarios como de costumbre; he aquí que el nombre de Ronaldo no estaba allí y todo el mundo que miraba su hoja tenía la misma reacción", contó el mítico comentarista inglés John Motson a CNN Sport.

Con el pasar del tiempo y luego de diversos relatos, se empezó a conocer la verdadera historia de Ronaldo en la final de Francia 98'. El prolífico atacante había convulsionado horas antes del partido definitorio. Roberto Carlos, su compañero de habitación y gran amigo, salió corriendo a los pasillos del hotel gritando: "¡Ronaldo se muere! ¡Edmundo, Doriva (doctor), por favor, Ronaldo se muere!".

Edmundo, atacante de la Fiorentina, vivió en primera persona el terror de lo sucedido. "Corrí hacia su habitación y vi a Ronaldo en un estado tremendo. Muy pero muy impresionante. Se retorcía, se golpeaba los brazos contra las piernas y de su boca salía espuma. Hacía un ruido muy extraño, como de querer respirar y no poder. Salí corriendo hacia el pasillo y me choqué con César Sampaio, que venía hacia la habitación. Entramos, agarré fuerte a Ronaldo y Sampaio le sujetó la lengua. Un segundo después llegaron los médicos".

Según cuenta el mismo Ronaldo en una entrevista para *FourFourTwo*, se disponía a descansar luego de almorzar cuando, de repente, se vio rodeado por sus compañeros: "Decidí descansar un poco después del almuerzo y lo último que recuerdo es que me iba a acostar. Me fui a la cama, después tuve una convulsión y, cuando me desperté, estaba rodeado otros jugadores y por el doctor Lidio Toledo. Nadie me quería decir qué estaba pasando".

Más tarde, Bruno Caru, uno de los médicos de la selección brasileña, reveló a La Tribu del Calcio de Mediaset, lo sucedido al astro brasileño. "Ronaldo estaba en la cama siguiendo una carrera de Fórmula 1 y una inclinación artificial del cuello comprimió el glomus carotídeo, un órgano secretor responsable de regular el ritmo cardíaco y la presión arterial. La frecuencia cardíaca tuvo una caída que le provocó el desmayo y las convulsiones".

Con escasas horas para iniciar la gran final, la selección brasileña vivía un ambiente de caos e incertidumbre. Más allá de lo deportivo, estaba por encima la salud de un compañero que, al parecer, estuvo por momentos luchando contra su vida.

"Nadie sabe todavía por qué y cómo sucedió", explicó Dida, arquero suplente de aquel equipo brasileño. "Cuando fui al estadio, (Ronaldo) todavía estaba en el hospital. Todos estábamos muy preocupados y tristes por él; no teníamos claro qué estaba pasando".

El cuerpo técnico, encabezado por Mário Zagallo, y los doctores del seleccionado amazónico tomaron la determinación de hacer pruebas médicas a Ronaldo en París. "Los exámenes médicos no mostraban nada anormal", contó Ronaldo a *FourFourTwo*. "Nos fuimos al estadio, me acerqué a Zagallo y le dije: 'Me encuentro bien, no tengo nada, yo quiero jugar'. No le quedó más remedio que aceptar mi decisión".

"Posiblemente afecté a todo el equipo porque esa convulsión era de las que dan miedo, no es algo que veas todos los días", continuó Ronaldo. "Pero yo tenía un compromiso con mi país y no quise defraudar. Tenía mi orgullo y sentí que podía jugar".

Ronaldo, con su decisión de disputar la final a pesar de horas antes haber convulsionado, tuvo reacciones divididas entre los compañeros. "Cuando llegó diciendo que quería jugar, hubo una explosión de felicidad, un poco de esperanza; todos sabíamos que Ronaldo podía hacer cualquier cosa en un partido", recordó Dida. "A este tipo no le va bien, se va a morir en el campo", manifestó con preocupación el centrocampista Leonardo.

Instantes antes del pitazo inicial, frente a los 75 000 espectadores que colmaron el Stade de France, Ronaldo fue el último jugador brasileño en salir del túnel, cuando los equipos entraron en el

campo. *O Fenómeno* se mostró disminuido y desanimado; era claro que algo no andaba bien.

Iniciadas las acciones, Brasil mostró un fútbol muy distante al que había empleado a lo largo del torneo. Daba la impresión de que mentalmente el equipo no estaba en la cancha; aún no habían podido sacudirse el terror de ver a Ronaldo en una situación extrema. Zagallo, seleccionador brasileño, luego admitió que consideró sustituirlo: "Durante todo el primer tiempo me pregunté si debía sacarlo".

"Cada vez que le tocábamos la pelota a Ronaldo, o lo veíamos en el campo, temíamos por su vida. No podíamos dejar de tenerlo en la mente todo el tiempo. Era una sensación generalizada de pánico", reveló después el centrocampsita César Sampaio.

Dos goles de Zinedine Zidane en la primera parte sepultaron las aspiraciones brasileñas de repetir como campeona del mundo. La *verdeamarelha* no tuvo reacción alguna: fue un partido donde Brasil no fue Brasil y Francia, con grandísimos jugadores, mostró su mejor cara para ganar su primera Copa del Mundo, con marcador final de 3-0. "El episodio de Ronaldo no fue la causa de la derrota brasileña; sin embargo, no puedo negar que fue una situación aterradora", destacó el defensor brasileño Cafú a *FourFourTwo*. "Esto no quita nada al logro francés. Ellos jugaron muy bien. La gente olvida mencionar que Francia hizo un fútbol perfecto. Crearon cuatro oportunidades y consiguieron anotar en tres de ellas. La gente dice que Brasil no jugó ese día, pero Francia jugó mejor".

"Los médicos dieron por bueno que había sufrido un ataque epiléptico y se le administró un poderoso medicamento, idóneo para la epilepsia, el utilizado por Marilyn Monroe para suicidarse, y que reduce la actividad cerebral", explicó después el doctor Bruno Caru. "Eso explica su juego en el partido ante Francia. Y eso explica las imágenes del jugador cayéndose por las escaleras del avión como si estuviera borracho a su llegada a Brasil tras el Mundial".

El partido había quedado atrás y surgían diversas hipótesis de lo ocurrido a Ronaldo, además, como en toda situación negativa, se buscaba culpables. Muchos estaban de acuerdo en que *O Fenómeno* no debió jugar bajo las condiciones en que lo hizo. "Imagina que impidiera jugar a Ronaldo y que Brasil perdiera", sentenció el médico brasileño Lídio Toledo. "En ese momento tendría que irme a vivir al Polo Norte".

Otras fuentes cuentan que Nike, la marca norteamericana que patrocinaba al brasileño por grandes sumas de dinero, ejerció una fuerte presión en Ronaldo para que disputara el encuentro. La final de la Copa del Mundo es el partido más visto y *O Fenómeno* debía estar ahí, vistiendo sus recordados botines R9, además de la indumentaria brasileña, fabricada por la misma marca.

"La gente de Nike estaba ahí las 24 horas del día, como si fueran miembros del cuerpo técnico", sugirió el brasileño Edmundo. "Es un poder enorme. Es todo lo que puedo decir".

También existen otras teorías sobre lo sucedido, aunque carentes de pruebas. El medio *Folha* de Sao Paulo apuntó que Ronaldo sufrió un colapso nervioso durante el Mundial, mostrando signos de depresión, y no se habría medicado al atacante brasileño para no incurrir en un posible *doping*.

El misterio de Ronaldo en la final de Francia 98' siempre dejará cabos sueltos y, al parecer, nunca sabremos con certeza qué originó las convulsiones del astro brasileño, aunque lo más importante es la salud del futbolista que, cuatro años más tarde, tuvo la más dulce de las revanchas.

"Perdimos el Mundial, pero yo gané otra copa, la de la vida", sentenció Ronaldo, mejor jugador de aquella edición. Irónicamente, la canción oficial de aquel torneo llevaba como título "La Copa de la Vida'" posiblemente la mejor de los Mundiales, interpretada por el artista puertorriqueño Ricky Martin.

CAPÍTULO 17

2002 LOS LEONES DE TERANGA

Tras el éxito de Camerún en 1994, convirtiéndose en la primera nación africana alcanzando los cuartos de final, los representantes de aquel continente volvieron a hacer costumbre sus papeles modestos en la Copa del Mundo.

En vísperas del Mundial de 2002, a celebrarse en Japón y Corea del Sur, surgió una nueva cara africana, que iba a estrenarse por primera vez en el torneo: Senegal. "Los Leones de Teranga", como también eran conocidos, se nutrieron de los conocimientos aportados por su entrenador Bruno Metsu, un francés con experiencia europea, en clubes como el Lille y Valenciennes.

Luego de haber sellado su clasificación mundialista en julio de 2001, superando a selecciones como Marruecos y Egipto, los senegaleses afrontaron la Copa Africana de Naciones de 2002 con la intención de afinar detalles de cara al Mundial del mismo año.

Los dirigidos por Metsu, de la mano de jugadores como Salif Diao, El Hadji Diouf y Aliou Cissé, alcanzaron por primera vez la final del máximo torneo africano, cayendo por penales frente a la Camerún de Samuel Eto'o y Rigobert Song.

La expectativa con respecto al Mundial de 2002 no era positiva. El seleccionado senegalés compartía el Grupo A junto a la Dinamarca de Jon Dahl Tomasson, la Uruguay de Álvaro Recoba y la vigente

campeona Francia, con un plantel repleto de figuras y estrellas de renombre internacional.

Francia no solo había conquistado la edición anterior de la Copa del Mundo en 1998, sino también la Eurocopa del 2000 y la Copa Confederaciones de 2001, siendo la única selección histórica en haber conquistado en fila los tres torneos de mayores.

El elenco galo llegaba en gran momento. En la temporada anterior (2001/02), Thierry Henry fue el máximo goleador de la Premier League con 24 dianas, David Trezeguet también lo fue en la Serie A con igual cantidad de anotaciones, mientras que Djibril Cissé lideró la tabla de goleo en la Ligue 1 con 22 goles. Zinedine Zidane venía de darle la Champions League al Real Madrid con un épico gol de volea, junto a Claude Makélélé, quien también fue fundamental en dicha conquista. Todo apuntaba a que en la apertura de Japón-Corea 2002, Francia pasaría por encima a los debutantes senegaleses.

"En 2002, hasta el día antes de nuestro partido contra Francia, no podía imaginar que íbamos a jugar un Mundial", reveló el atacante senegalés Henri Camara al medio Xibar. "Ver por televisión la anterior edición organizada en Francia, me refiero a la Copa del Mundo de 1998, y participar en la siguiente, era inimaginable para mí. Fue muy difícil llegar a la evidencia de nuestra clasificación para un Mundial. Hasta el día anterior a nuestro primer partido, era como si viviera en un sueño".

La victoria francesa por marcador abultado se daba por hecha, hasta el punto en que diversos medios galos e internacionales, mencionaban en tono de burla lo que estaba por venir.

"Los 23 jugadores de Senegal estaban muy motivados para enfrentarse a Francia. En 2002, todos queríamos ganar a este equipo porque nos habían subestimado demasiado", declaró el arquero senegalés Tony Silva. "En efecto, después del sorteo, habíamos oído de todo. Los franceses hablaban de nosotros como vulgares jugadores de poca monta, porque jugábamos, decían, en pequeños clubes franceses. También decían que con su fogoso ataque, formado por los máximos goleadores de los campeonatos europeos,

Senegal no podría resistir su poder de ataque. Algunos medios de comunicación franceses dijeron que íbamos a recibir una paliza contra los *bleus*. Unas declaraciones muy chocantes y humillantes".

Llegado el día del estreno mundialista en Seoul, Corea del Sur, se sentía algo diferente en el combinado senegalés, que siempre mostraba una actitud de fiesta, con música y cantos, previo a sus partidos. Reinaba la calma y la concentración en un grupo que estaba por enfrentarse al mejor equipo del mundo en aquel momento.

"Cuando fuimos al estadio, todo el mundo estaba muy relajado. El silencio de antes de la guerra", confesó Salif Diao, quien disputó aquel encuentro con Senegal. "A partir de la hora de comer, la gente solo hablaba con los ojos. Teníamos esa convicción, sabíamos que había que hacer un trabajo y que íbamos a ganar el partido".

Senegal hacía su estreno mundialista frente a una potencia como la gran campeona que, casualmente, fue el país que los colonizó cientos de años atrás. La oncena senegalesa militaba en su totalidad en Francia y algunos de sus jugadores nacieron en el país europeo. Para Senegal, fue un partido histórico desde la previa.

Iniciado el encuentro, Francia no tardó en atacar y asediar el arco de Tony Silva. David Trezeguet, luego de una gran maniobra, estrelló el balón en el travesaño, avisando que en cualquier momento podía abrirse el marcador para una esperada goleada.

La gran sorpresa ocurrió minutos después, cuando en el minuto 30, El Hadji Diouf llegó a la línea final en el costado izquierdo, lanzando un pase rastrero al área. El volante mixto Papa Bouba Diop, en dos tiempos, logró batir al arquero francés Fabien Barthez para abrir el marcador y darle la ventaja a Senegal. Nadie en el mundo podía creer lo que estaba sucediendo.

Diop se dirigió al banderín de córner, quitándose la camiseta y ubicándola en el suelo. Sus compañeros llegaron, se tomaron todos de las manos y bailaron en círculos, rodeando la camiseta. Muchos recordaron los bailes del camerunés Roger Milla en Italia 90', edición donde África había hecho su mejor papel hasta el momento.

"Es algo que marcará mi vida para siempre", recordó con emoción Bouba Diop a *SoFoot*. "Cuatro años antes, en 1998, estábamos viendo el Mundial en televisión. En Senegal, estábamos a favor de Francia. Cuando ganaron, estábamos en la calle, estábamos jubilosos. Así que cuatro años después, anotar contra este equipo... Es algo que marcó toda mi vida, a mis hijos, a mi familia. Es algo que nadie en Senegal olvidará jamás. A veces pienso en ello y me doy cuenta de que el mundo del fútbol es una locura".

Venía la parte más difícil para los "Leones de Teranga", quienes sabían que desencadenaron la furia azul, cuyas armas podían voltear el marcador en cuestión de instantes. El estratega francés Roger Lemerre ingresó a otros dos atacantes al campo, Dugarry y Cissé, quienes se sumaron a Henry y Trezeguet para intentar conseguir el empate.

Les Bleus buscaron el gol por todas las vías, con remates lejanos, testarazos y opciones dentro del área; sin embargo, ahí estaba Tony Silva para vivir una de sus mejores noches como portero. Es recordado un remate lejano de Thierry Henry golpeando el larguero. Mientras transcurrían los minutos, daba la impresión de que sencillamente Francia no sería capaz de anotar, y así fue. Senegal ganó el encuentro con marcador de 1-0, siendo esta una de las máximas sorpresas en la historia de la Copa del Mundo.

"Senegal merecía esta victoria, había jugado mejor y los jugadores (los Leones) creían más en ella", recordó el centrocampista francés Emmanuel Petit. "No habíamos hecho lo necesario. Tuvimos mucha mala suerte en este partido. Nos dimos contra los postes y el travesaño varias veces. Lo único que nos faltó fue el gol".

Aquel triunfo senegalés se vivió como una gran fiesta en el país. "He conocido a gente que decía que en el partido contra Francia conoció a su mujer y se casó", contó Salif Diao, jugador de Senegal. "He conocido a tipos que decían: 'Mi hermano y yo estuvimos diez años sin hablarnos', pero el día que Senegal ganó a Francia, se abrazaron y se reconciliaron. Cuando juegas por tu país, es más que cualquier otra cosa que puedas hacer".

El rival más complicado había quedado atrás, aunque el trabajo no estaba hecho. Mostrando un buen fútbol, los africanos lograron empatar frente a Dinamarca en la segunda jornada, mientras que contra Uruguay igualaron con marcador de 3-3, en un partido de infarto, donde empezaron ganando por tres goles.

Con dos empates y un triunfo, los "Leones de Teranga" clasificaron invictos como segundos de grupo, para enfrentarse en los octavos de final a Suecia, un equipo que lideró el "grupo de la muerte", sobre Inglaterra y Argentina, con el atacante Henrik Larsson en plano estelar.

El partido se disputó en el estadio Gran Ojo de Oita frente a 39 747 espectadores y, nuevamente, Senegal partía como la selección más débil para quedar fuera de la competencia.

Los dirigidos por Bruno Metsu tenían la posibilidad de alcanzar los cuartos de final y emular la hazaña de Camerún en 1990; sin embargo, el reto no sería fácil. El combinado sueco contaba con una generación histórica, con jugadores de la talla de Anders Svensson, Freddie Ljungberg, un joven Zlatan Ibrahimovic, además del ya mencionado Larsson.

Luego de algunas intervenciones del meta senegalés Tony Silva, Suecia logró ponerse por delante en el marcador gracias a un cabezazo de Larsson a los 11 minutos. Nuevamente sería puesto a prueba el coraje de los africanos, quienes en la fase de grupo lograron superar la desventaja frente a Dinamarca.

Transcurriendo el minuto 37, El Hadji Diouf volvió a mostrar su magia desde la izquierda, realizando un enganche con el que dejó atrás dos defensores suecos, para luego lanzar un disparo rasante que fue empalmado por Henri Camara para igualar las acciones a un gol por lado.

El marcador no volvió a cambiar hasta la prórroga, donde el meta Tony Silva se volvió a crecer y la fortuna nuevamente sonrió a los africanos, luego de un balón al poste tras un remate de Svensson. Al minuto 104, Henri Camara recibió un pase de tacón y logró ingresar al área rival tras regatear a un defensor sueco, para luego

rematar al segundo poste y anotar el gol de oro, dándole a Senegal el pase automático a los cuartos de final. "Los Leones de Teranga" brindaban al país un momento inolvidable; contra todo pronóstico, siguieron trascendiendo en el magno evento futbolístico.

"Lo que la gente no entiende es que el fútbol es mucho más que un juego en África", explica Salif Diao a *Independent*. "Cuando juega Senegal, cualquier tipo que tal vez esté pasando por un mal momento en su vida, que no tenga trabajo, que ni siquiera tenga un lugar dónde vivir o dormir, que no tenga una comida, que esté enfermo o que se esté muriendo... el día que juega Senegal, forma parte del equipo. Si el equipo gana, este tipo está orgulloso. Porque siente que ha ganado. Por eso el fútbol es mucho más para África. Saca a la gente de esa esfera de negatividad, de esa esfera de no alcanzar la bondad. El único momento en África, en el que la gente se olvida de todo, es cuando hay un partido".

Senegal se había ganado el corazón del mundo, por ser ese pequeño equipo que no se sintió disminuido frente a los más grandes.

En los cuartos de final, el elenco africano se enfrentó a Turquía en un encuentro donde no hubo goles hasta la prórroga. Al minuto 94, el ingresado turco İlhan Mansız consiguió marcar el gol de oro para darle a su selección el histórico pase a las semifinales. Aunque la historia había terminado para Senegal, daba la sensación de que el equipo estaba satisfecho con el gran torneo efectuado.

"Jugar unos cuartos de final de la Copa del Mundo no se le da a cualquiera. A decir verdad, fue el mejor momento de mi carrera futbolística", confesó Tony Silva a Xibar. "Es cierto que habíamos sido derrotados y eliminados de la competición por Turquía, pero nunca olvidaré este partido de cuartos de final. Fue una locura".

La selección de Senegal fue recibida como héroes, con el presidente y primer ministro del país en primera fila para poder darles una cálida bienvenida a los jugadores. Los aficionados coparon el aeropuerto y la seguridad tuvo un difícil día de trabajo para contener a la multitud.

"Las imágenes de esta Copa del Mundo todavía se desplazan por mi memoria", cuenta Silva. "No puedo olvidarlo, porque cuando era niño soñaba con jugar en un Mundial. Me puse a trabajar para hacer realidad este sueño de la infancia. Y Dios me ayudó a realizarlo. Después de haber seguido siempre el Mundial por televisión, aquí estoy como actor en 2002. Fue fantástico".

La actuación de Senegal en Japón-Corea 2002 marcó un antes y después futbolístico en el país, permitieron a algunos de sus jugadores marcharse a equipos de primer nivel, por ejemplo, El Hadji Diouf, quien se fue al Liverpool inglés.

Aquella generación, encabezada por Aliou Cissé como capitán, brindó una nueva ilusión al pueblo senegalés, que más tarde sería representado por grandes figuras internacionales como Sadio Mané, quien logró dos clasificaciones consecutivas al Mundial (2018 y 2022), además de liderar al equipo en su primera conquista de Copa Africana de Naciones en 2022.

O FENÓMENO Y LOS PENTACAMPEONES

La conquista de USA 94' y el subcampeonato de Francia 98' habían quedado atrás: Brasil tenía en la mira el Mundial de Corea-Japón 2002 para nuevamente alzarse como campeona del mundo.

Como de costumbre, la *verdeamarelha* contaba con figuras de renombre internacional para ser candidata; no obstante, el camino al campeonato a disputarse en Asia fue turbio, gracias a diversas situaciones que generaron importantes dudas de cara al torneo.

Tras la salida de Mário Zagallo como seleccionador nacional en 1998, el estratega Vanderlei Luxemburgo asumió la responsabilidad de guiar al elenco brasileño con el objetivo de nuevamente conquistar la Copa del Mundo.

Aunque todo inició bien, con la obtención de la Copa América de 1999 de forma invicta, la caída en los cuartos de final de los Juegos Olímpicos del 2000 frente a Camerún, con inferioridad numérica, significó el cese de Luxemburgo como mandamás brasileño.

Con miras a Corea-Japón 2002, la gran incógnita era el estado de Ronaldo, la máxima estrella del fútbol mundial en aquel entonces. *O Fenómeno*, atacante del Inter de Milán, sufrió una grave lesión en su rodilla derecha cuando disputaba un partido frente al Lecce en el inicio de la temporada 1999/2000. El astro brasileño tuvo que pasar por el quirófano.

Tras seis meses de baja, Ronaldo hizo su regreso a las canchas el 12 de abril del 2000, en la idea de la final de Coppa Italia frente a Lazio. En ese mismo encuentro y para lamento de todos los amantes del fútbol, el brasileño volvió a lesionarse: esta vez sufrió rotura total del tendón rotuliano de su rodilla derecha. Nilton Petrone, fisioterapeuta personal de Ronaldo, afirmó que había sido la peor lesión que presenció en su vida.

El pronóstico sobre la lesión era rotundamente negativo. "Los milagros no existen", afirmó Gérard Saillant, quien operó a Ronaldo en Francia. "Necesita por lo menos ocho meses de recuperación antes de volver a jugar y, aún así tampoco puedo decir, ni yo ni nadie, que volverá a jugar al fútbol. Será, en todo caso, un proceso largo y difícil".

"Tuvimos algunos momentos en el hospital en los que lloraba porque quería morfina para frenar la intensidad del dolor", confesó Nilton Petrone. "Un día, en mitad de la noche, me llamó y me pidió: 'Dime que voy a poder volver a jugar al fútbol, por favor, no me mientas'. Yo estaba allí, al principio de la rehabilitación, cuando todo el mundo decía que no iba a poder recuperarse".

Luego de un breve interinato de Candinho como seleccionador, la Confederación Brasileña de Fútbol le dio a Émerson Leão, campeón del mundo como jugador en 1970, la responsabilidad de asumir el cargo. En 11 partidos dirigiendo a la *Canarinha*, solo obtuvo cuatro triunfos y cuatro empates, poniendo en riesgo la clasificación al Mundial de 2002 y siendo cesado de su cargo en junio de 2001.

En definitiva, Luiz Felipe Scolari fue nombrado como seleccionador brasileño para afrontar el final de la eliminatoria al Mundial.

Scolari ya había sido campeón de la Copa Libertadores con Grêmio (1995) y Palmeiras (1999): ahora tenía un reto mayor, bajo la presión de guiar a la *verdeamarelha* en un escenario complicado.

Desde el inicio se vio su intención con el equipo, pasando a un esquema de 3-4-3, con tres zagueros centrales y dos carrileros con proyección, Cafú y Roberto Carlos. Scolari también incluyó jugadores en quienes confiaba: Marcos como arquero y Roque Junior en la zaga central, dos elementos clave en aquel Palmeiras campeón de América en 1999.

Aunque sufrió dos derrotas en sus tres primeros partidos, frente a Uruguay en Montevideo y Argentina en Buenos Aires, Brasil, prescindiendo de Romário, logró ganar los tres últimos encuentros frente a Chile, Bolivia y Venezuela, para obtener el cupo directo al Mundial como tercera en la tabla. Si bien el objetivo de clasificar se había alcanzado, el equipo generaba más dudas que certezas en la cancha, aunque la mayor incógnita era el estado de Ronaldo, quien estaba en duda para disputar la contienda.

Ronaldo se perdió la temporada 2000/01 en su totalidad y, tras 16 meses de recuperación, solo disputó 16 encuentros en la 2001/02, llegando justo a la Copa del Mundo. Aunque *O Fenómeno* no estaba al 100% de sus capacidades físicas, Scolari confió en él, sabía que solo bastaban destellos del astro brasileño para hacer una diferencia en la cancha. El estratega hizo una apuesta arriesgada al dejar fuera de la convocatoria a Romário, un jugador de trayectoria, aclamado por el país entero.

La aventura brasileña en Corea-Japón inició con un partido frente a Turquía en Ulsan. El combinado turco se adelantó en el marcador por medio de Hasan Şaş al minuto 45+2; en ese momento volvieron las dudas sobre el equipo. No obstante, ahí estaba Ronaldo para reencontrarse con el gol y demostrar nuevamente que estaba en plenas capacidades para ayudar al equipo.

En el minuto 50, Rivaldo lanzó un largo pase al área desde la izquierda, Ronaldo se escabulló entre dos defensores y empalmó el balón para mandarlo al fondo de las redes. Tanto Ronaldo como

sus compañeros celebraron aquel tanto con euforia; sabían que el gol había sido liberador para *O Fenómeno*. En los minutos finales, Rivaldo convirtió desde los 12 pasos para dar el triunfo a Brasil.

Los dos próximos partidos fueron un trámite para Brasil, quienes golearon a China con marcador de 4-0 y a Costa Rica por 5-2. En los primeros tres encuentros, Ronaldo sumaba cuatro anotaciones, igualando su marca personal en Francia 98', donde fue nombrado como mejor jugador del certamen. Con la clasificación en primer lugar, ganando todos los partidos, la *verdeamarelha* reafirmó su condición de candidata en 2002.

En los octavos de final, Brasil dobregó a la Bélgica de Marc Wilmots con marcador de 2-0. Anotaron Ronaldo y Rivaldo, quienes volvieron a tener su mejor química en la cancha. Aquella inspirada dupla, que se quedó a las puertas de la gloria en Francia 98', buscaba redención en suelo asiático.

La poderosa Inglaterra de Beckham, Owen, Gerrard y Ferdinand seguía en los cuartos de final. En un encuentro de gran nivel y altamente disputado, el joven Ronaldinho logró sellar una remontada histórica, tras marcar un lejano gol de tiro libre, bañando al veterano arquero David Seaman.

Rivaldo, autor del primer gol brasileño, recuerda aquel encuentro: "Ese partido fue especialmente destacado, porque nos quedamos con diez a falta de media hora para que terminara y tuvimos que pelear duro para contener a Inglaterra. Presionaron hasta el final, pero pudimos clasificarnos. El gol de Ronaldinho fue histórico. La metió desde lejísimos en una falta escorada, que era buena para ponerla al área. Pero él la pegó bombeada y se la coló a Seaman por la escuadra. Nunca pensé que se atrevería a hacer algo así, pero le salió de maravilla".

Aunque muchos dudan de aquella genialidad de Ronaldinho, afirmando que quiso lanzar un centro y que "por casualidad" se coló el balón en el arco, Rivaldo desmintió toda teoría, confirmando que la intención de "Dinho" fue siempre la de rematar. "Después del partido le pregunté y me contó que había estudiado a Seaman y que sabía que tenía la tendencia de dar dos pasos adelante en ese tipo de faltas, así que trató de sorprenderle… y lo sorprendió".

"Cuando golpeé la pelota, quería disparar a puerta, pero tal vez no exactamente donde terminó", confesó Ronaldinho. "No se puede decir que fue casualidad, porque estaba al tanto de la posición del arquero".

Los dirigidos por Scolari debían enfrentarse nuevamente a Turquía, esta vez en semifinales. Una vez que los jugadores salieron al campo, se apreció en Ronaldo un peculiar corte de cabello. Aunque mucho se habló sobre las razones de aquel peinado, Ronaldo luego confesó que se trató de una estrategia para desviar la atención, pues había sufrido una lesión muscular en su último partido.

"Vi a mis compañeros de equipo y les pregunté: '¿Les gusta?' Y dijeron: '¡No, es horrible! Córtate esto'. Pero los periodistas vieron mi corte de pelo y se olvidaron de la lesión", dijo Ronaldo a *Sports Illustrated*, quien aceptó que su cabeza se veía muy mal. "¡Fue horrible! Pido perdón a todas las madres que vieron a sus hijos hacerse el mismo corte de pelo".

Luego de mantenerse el empate a cero en el marcador durante los primeros 45 minutos, Brasil anotaría el único gol del partido a los 49 minutos para sellar su pase a la final. No podía ser otro que Ronaldo, quien —rodeado por tres jugadores turcos— tomó el balón en el costado izquierdo, avanzando de cara al arco, para luego sacar un fuerte remate rastrero que el arquero Rüştü Reçber no pudo contener.

Previo a la gran final frente a Alemania, regresaron a la mente de Ronaldo los fantasmas de lo ocurrido cuatro años atrás. Justo antes de disputarse la final de 1998 frente a Francia, Ronaldo sufrió convulsiones, lo que generó un pésimo ambiente en el equipo para afrontar el partido que terminaron perdiendo con marcador de 3-0. "Tenía mucho miedo de que volviera a ocurrir", explicó Ronaldo a la BBC.

En esa ocasión, el arquero suplente, Dida, su compañero de habitación, se encargó de calmar a *O Fenómeno* para que llegara en plenas condiciones a la final. "Me dijo: 'Oye, tengo miedo de dormir porque no quiero que me pase lo mismo'. Le dije que no se preocupara, que se calmara, ¡porque esta vez no estás con Roberto Carlos!", contó Dida a CNN en tono de broma. "Nos relajamos, jugamos (al golf) y luego nos fuimos a dormir; no pasó nada. Nos levantamos bien, contentos y listos para jugar".

El día de la final, celebrada en el Estadio Internacional de Yokohama, el 30 de junio de 2002, Brasil se enfrentó a la temible selección alemana, con figuras como Miroslav Klose, Oliver Neuville y su guardameta, el mítico Oliver Kahn, quien había tenido un torneo extraordinario.

En la segunda parte, Ronaldo selló su icónica participación en la contienda, anotando dos goles para obtener el triunfo y, por lo tanto, la quinta estrella como campeona del mundo a Brasil, que se convertía en pentacampeona. Contra todo pronóstico y en medio de dudas, Ronaldo no solo volvió a jugar al fútbol en el máximo nivel, sino también fue el mejor artillero del certamen con ocho dianas.

"En el Mundial de 2002 teníamos un gran equipo, el mejor en el que he jugado", contó Ronaldo a *FourFourTwo*. "Teníamos a Rivaldo, Ronaldinho, Roberto Carlos, Cafú, yo... Era un equipo en el que podíamos encontrar un gol en cada minuto de todas las maneras, y ganar todos los partidos. Por eso ganamos los siete partidos y por eso fuimos campeones del mundo, aunque al principio del torneo la gente dudaba de nosotros".

Gérard Saillant, quien operó a Ronaldo tiempo atrás, estaba en las gradas del estadio y vio con sus propios ojos la gran gesta realizada por Ronaldo. "Esto da esperanza a todos los que están lesionados, incluso a los que no son deportistas, para que vean que luchando se puede salir adelante", afirmó Saillant tras el encuentro. "(Ronaldo) ha vuelto a ser el que era; es una enorme satisfacción y estoy muy emocionado".

Ronaldo tuvo su revancha, finalmente pudo ser protagonista en la obtención de un campeonato del mundo para Brasil, algo que estuvo cerca de alcanzar en 1998. Más importante aún, fue la determinación con la que el astro brasileño afrontó su lesión, para luego brindarle al mundo su mejor fútbol en el máximo escenario.

"He dicho antes que mi gran victoria era volver a jugar al fútbol, volver a correr y volver a marcar goles", confesó Ronaldo a *FourFourTwo*. "Esta victoria, por nuestro quinto título mundial, ha coronado mi recuperación y el trabajo de todo el equipo".

CAPÍTULO 18

2006 LA MAGIA DE ZIDANE

Toda generación dorada o exitosa en el fútbol tiene un líder dentro del campo que facilita a sus compañeros la ejecución de una idea en el engramado. Cuando el tiempo de esta figura en el equipo llega a su fin, se siente un gran vacío en el juego, que termina viéndose reflejado en el disminuido funcionamiento del colectivo. El éxito y los resultados parecen cada vez más lejanos.

Luego de una gloriosa época para el seleccionado francés, donde conquistaron la Copa del Mundo de 1998 y la Eurocopa del 2000; Zinedine Zidane, el diferente y líder futbolístico de aquella generación, anunció su retiro como internacional, tras los fracasos en el Mundial de Corea-Japón 2002 y la Euro 2004, celebrada en Portugal.

Aunque Francia seguía contando con gran talento y jugadores de primerísimo nivel, como Thierry Henry, Patrick Vieira y David Trezeguet, el equipo, bajo el mando del excéntrico entrenador Raymond Domenech, se vio notablemente diezmado ante la ausencia de Zidane.

La clasificación al Mundial de Alemania 2006 estaba en real peligro, pues el elenco galo solo había sumado diez puntos en seis encuentros, ocupando la cuarta posición de su grupo, por debajo de Irlanda, Suiza e Israel. Solo un milagro podía revertir la situa-

ción, en un equipo cuyo fútbol no asomaba mejores resultados en el camino.

El tres de agosto de 2005, con el titular "Él regresa", el medio *L'Equipe* anunció el regreso de Zinedine Zidane a la selección francesa. La noticia fue tomada en Francia con alegría y esperanza: en Zidane se vio a un salvador que, con su magia en el campo, sería capaz de revertir la situación y llevar al equipo al próximo Mundial.

"Raymond Domenech —el seleccionador nacional— vino a verme dos o tres veces a Madrid", explicó Zidane tras su regreso. "Hablamos y me dijo lo que esperaba de nosotros (...). Me fui de vacaciones y me despejé. Como siempre he dicho, la selección francesa era lo más importante para mí. Hablar con el entrenador fue importante (...), tuvimos una gran discusión. No quiero entrar en detalles, el porqué y el cómo. Lo pensé (...), el equipo francés me dio tanto que quiero ayudarlo. Quiero ayudar al equipo francés. Quiero ayudar al equipo francés: lo digo tres veces".

El regreso de Zidane a la selección ayudó a Raymond Domenech para convencer a otras dos figuras cuyo tiempo como internacionales había terminado: Claude Makélélé (Real Madrid) y Lilian Thuram (Juventus), dos veteranos de gran trayectoria en el fútbol europeo. Si bien se encontraban en la fase de final de su carrera, podían aportar mucho al equipo.

En la recta final de las eliminatorias, con Zidane al frente del equipo, Francia logró clasificarse al Mundial como líder de grupo, ganando tres y empatando uno de los últimos cuatro partidos. Tiempo después el astro francés anunció que haría efectivo su retiro como jugador profesional al finalizar la Copa del Mundo.

Al iniciar el magno evento celebrado en Alemania, no se tenía alta expectativa sobre el combinado francés, pues —en promedio— era el más longevo de los 32 equipos participantes. La forma en que obtuvieron la clasificación, *in extremis*, tampoco ayudaba a tener buen augurio en un torneo donde se encontraban selecciones en gran momento, como Brasil, Alemania e Italia.

El Mundial de 2006 fue especial, porque ahí convinieron dos generaciones importantes de futbolistas. Leyendas salientes como Zidane, Ronaldo, Figo, Beckham y Riquelme coincidieron con la nueva camada de *cracks* que dominaría el fútbol en la siguiente década; hablamos de Messi, Cristiano Ronaldo, Rooney, Ribery, Iniesta, entre otros.

Con la presión de haberse quedado fuera en 2002, sin anotar un solo gol en tres partidos, el combinado galo empató a cero en su primera presentación de Alemania 2006, frente a Suiza, rival con el que compartió grupo en las eliminatorias. En el segundo encuentro, el empate volvió a hacerse presente en el marcador, esta vez frente a Corea del Sur; aunque la peor noticia era la suspensión de Zidane, quien por doble amarilla se perdería el encuentro definitorio frente a Togo.

Francia necesitaba ganar por dos goles de diferencia para asegurar su puesto en los octavos de final. No conseguir la clasificación significaba el fin para la carrera de Zinedine Zidane, cuya última imagen habría sido un pobre partido frente a Corea del Sur, donde fue sustituido por Raymond Domenech en el minuto 90+1, como una despedida preventiva, en caso de que el equipo no trascendiera a la siguiente fase.

Afortunadamente para los galos, Thierry Henry y Patrick Vieira se combinaron para derrotar a Togo con marcador de 2-0, curiosamente, un 23 de junio, fecha en que cumplía años Zidane. Aunque el "fútbol champagne" había estado ausente hasta el momento, el combinado francés logró clasificarse a la siguiente ronda, donde los esperaba una temible selección española.

España dominó la fase de grupos con pleno de victorias y ocho goles anotados en tres encuentros. La roja, dirigida por Luis Aragonés, era amplia favorita para doblegar a una Francia sin brillo, a tal punto que el diario español *Marca* tituló su portada con la frase "Vamos a jubilar a Zidane", entendiendo que derrotando a los franceses se pondría fin a la carrera de Zidane como futbolista profesional.

David Villa adelantó a los españoles con un penal al minuto 28 y daba la impresión de que se avecinaba una victoria roja con diferencia abultada. A cuatro minutos de finalizar la primera parte, el joven Franck Ribery, cuya inclusión en la convocatoria francesa había sido sorpresiva y polémica, condujo el balón y dejó en el suelo al meta Iker Casillas, para anotar el empate a uno.

En la segunda mitad, Patrick Vieira, quien había tenido duros intercambios de palabras con el estratega Aragonés, anotó el gol de la ventaja al minuto 83. Mientras transcurría el tiempo añadido, apareció la magia de Zidane, quien dejó en el camino al zaguero español Carles Puyol, para luego rematar cruzado de pierna derecha y batir a Casillas, sellando el triunfo francés con marcador de 3-1. "No, la jubilación no llegó esta noche. Lo lamento por los españoles que lo habían pronosticado", sentenció Zidane tras el partido.

Seguía Brasil, la amplia favorita para repetir como campeona del mundo, tras conquistar la edición de 2002. Con uno de los planteles más robustos que se ha visto en los Mundiales, la *verdeamarelha* contaba con astros de la talla de Ronaldo, Ronaldinho, Kaká, Adriano, Cafú, Roberto Carlos y muchos otros. Aquel equipo, apodado "el scratch", superó la fase de grupos con tres victorias para luego golear por 3-0 a Ghana en octavos de final, donde Ronaldo se convirtió, de momento, en el máximo artillero histórico del certamen.

Aunque se supo luego del encuentro, se encendieron las alarmas en la concentración de la selección francesa: Zidane se había lesionado al término del partido contra España, poniendo en duda su participación frente a Brasil, equipo con el que ya tuvo historia, marcándole dos goles en la final de 1998 para darle a Francia su primera Copa del Mundo.

"De hecho, me lesioné contra España (en octavos de final). Me lesioné al marcar el tercer gol al final del partido. Tengo un bulto en el muslo. Casi nadie lo sabía", recordó Zidane en entrevista con *The Team*. "Me hago exámenes. Me dicen que no voy a jugar contra Brasil… Digo: '¿Qué? ¡No es posible que no pueda jugar contra Brasil!'. El personal médico hizo todo lo posible para que yo jugara, porque tenía muchas ganas de jugar este partido. Y jugué. Cada partido podía ser el último. Lo tenía tan presente que me era imposible no jugar contra Brasil. Quería disfrutar de cada segundo".

Si bien Zidane quería disfrutar cada segundo, fue el mundo del fútbol quien se deleitó con la soberbia actuación del número 10 francés en el más difícil de los contextos, frente a una generación brasileña cuyo equipo estaba plagado de estrellas y que era gran favorito para avanzar de ronda.

El WM-Stadion de Frankfurt fue testigo de una de las mejores actuaciones individuales en la historia de la Copa del Mundo, donde Zidane hizo del engramado su propio lienzo para plasmar su fútbol hecho arte. De principio a fin el mago francés deleitó al mundo con sus regates, toques y excelsos pases entre líneas, hasta que en el minuto 57 lanzó un lejano tiro libre para asistir a Thierry Henry, que logró batir al gigante arquero brasileño Dida para darle a *Les Bleus* el triunfo por la mínima y sellar el pase a semifinales.

En semifinales, Francia logró vencer a una generación dorada portuguesa, con figuras como Luis Figo, Cristiano Ronaldo y Deco. Zidane anotó el único gol por medio de un penal a los 33 minutos, en un encuentro donde los galos defendieron el marcador con "uñas y dientes", siendo el veterano zaguero Lilian Thuram el hombre del partido.

El último partido en la carrera de Zinedine Zidane sería una final del mundo, el cierre soñado para cualquier película. Italia sería el rival, una selección que había realizado un gran torneo, batiendo a la anfitriona Alemania, en semifinales, con marcador de 2-0.

Una vez iniciado el encuentro, celebrado en el Olympiastadion de Berlín frente a 69 000 espectadores, Francia no tardó en adelantarse en el marcador, tras conseguir una pena máxima a los siete minutos que produciría un recordado duelo entre dos leyendas del fútbol: Zinedine Zidane vs. Gianluigi Buffon.

Buffon conocía bien a Zidane, lo enfrentó en múltiples ocasiones cuando ambos militaban en la Serie A de Italia y, por consejo de sus compañeros de selección, sabía que —como de costumbre— lanzaría el penal hacia su derecha. Con lo que no contaba Buffon era

que Zidane ejecutaría el lanzamiento con una "Panenka", picando el balón en el centro del arco, golpeando el travesaño y apenas cruzando la línea de gol para darle la ventaja a los franceses.

"Todos me dijeron que estaba loco, pero estaba todo menos loco", explicó después Zidane. "Estaba Buffon enfrente y me conocía muy bien. Él sabía que yo estaba tirando los penales a la derecha del portero. Si hubiera estado loco, habría disparado donde probablemente iba a estar. Así que la solución para mí era hacer esto. Pero, necesariamente, para todos, estoy loco porque no hacemos ese gesto en la final de la Copa del Mundo. Pero estábamos en el minuto siete y pensé que todavía faltaban 83 si me lo perdía".

En el partido más importante que se puede disputar, el que solo pocos tienen el honor de jugar, Zidane tomó la determinación de dejar su huella frente al mejor arquero del mundo en el momento, siendo este el último partido profesional que jugaría en su vida. La "Panenka" de Zidane en la final de 2006 fue magia en su máxima forma.

12 minutos más tarde, el zaguero Marco Materazzi logró empatar el encuentro para los italianos, tras conectar de cabeza un córner lanzado por Andrea Pirlo. A partir de ese momento, el partido fue arduamente disputado. Los dos equipos tuvieron opciones de marcar y exigieron el físico hasta los límites, y no era para menos, estaba en juego una Copa del Mundo.

El empate a uno se mantuvo en el marcador durante 90 minutos, por lo que debía jugarse la prórroga. Iniciado el tiempo extra, Buffon tuvo una intervención vital para las aspiraciones de Italia, al sacar por encima del larguero un remate de cabeza por parte de Zidane. Cinco minutos más tarde se daría una de las acciones más insólitas e impensadas en la historia de los Mundiales.

"Sanciono una falta cerca del área contraria y cuando giro para ir con el juego hacia el otro campo, veo a un jugador italiano tirado en el piso", cuenta el árbitro principal del encuentro, el argentino Horacio Elizondo en entrevista con Télam. "Procedí a interrumpir el juego e ir hacia esa zona. En ese Mundial debutan los intercomunicadores y le pregunto a Darío (García, el asistente) lo que había visto y me dijo: 'Horacio, no vi nada'. Le pregunto a Rodolfo (Otero), el asistente que estaba del otro lado, y me dice: 'No vi absolutamente nada, estaba en el juego con vos'. Aparece Luis Medina Cantalejo, que era el cuarto árbitro, español, y me dice: 'Yo lo he visto, terrible cabezazo del diez de los blancos al de los azules'. En todo esto, yo corriendo hacia ese sector preguntando cómo fue la situación, si se apoyaron las cabezas, y Medina Cantalejo reafirmó: 'Yo lo he visto, cuando veas el video en el hotel, no lo vas a poder creer'. Cuando llegué ahí, me di cuenta de que Buffon, que probablemente vio algo, le estaba protestando a Darío. Gattuso también me di cuenta de que vio algo y el resto no vio absolutamente nada, estaban en otro sector del campo. Yo sabía que Zidane se iba".

A los 110 minutos de la prórroga, Zinedine Zidane se iba expulsado por roja directa, tras propinarle a Materazzi un fuerte cabezazo en su pecho. Serían los últimos instantes del mago francés como jugador profesional, y es bien recordada su imagen mientras abandonó el campo, mientras pasaba al lado del trofeo.

"En el campo ya hubo insultos. Todos hablan entre sí, a veces mal, pero tú no haces nada. Ese día pasó lo que pasó. Él provocó algo al hablar de mi hermana Lila. Fue solo un segundo y se me fue... Pero luego hay que aceptarlo", contó Zidane en entrevista con *L'Equipe*. "No estoy orgulloso de ello, pero es parte de mi trayectoria. En ese momento, era más frágil. Es a veces en estos momentos cuando puedes hacer algo que no está bien... Así es como termina. Es difícil. Pero es mi carrera. La historia de mi vida. Como mis dos goles en la final de 1998. Por eso digo que el equipo francés no está acabado. De alguna manera no quiero terminar así. No ha terminado".

"Ese día en particular, mi madre estaba muy cansada, no se sentía bien. Estuve con mi hermana al teléfono varias veces durante el día. Sé que mi madre no está bien, tampoco es demasiado grave, pero sigue siendo una preocupación", siguió Zidane. "Seguía concentrado, pero son cosas que surgen con la presión, esto y aquello. Él (Materazzi) no me habló de mi madre, ya ha dicho que no insultó

a mi madre y es cierto, pero sí insultó a mi hermana, que estaba con mi madre en ese momento".

La acción del francés sorprendió a propios y extraños, nadie esperaba que un veterano que había visto todo en el fútbol fuera capaz de darse de baja en el último partido de su vida, más si se trataba de una final del mundo.

"¿El cabezazo de Zidane? No lo esperaba en ese momento", recordó el mismo Materazzi a *L'Equipe*. "Tuve la suerte de no esperar ese episodio, porque de haber estado preparado, ambos habríamos terminado en los vestuarios. Tuvimos un contacto en el área. Él marcó el gol de Francia en el primer tiempo y el seleccionador (Marcello Lippi) me pidió que le marcara. Después del primer choque yo le pedí disculpas y él reaccionó mal. En el tercer choque le fruncí el ceño y él me dijo: 'Te daré mi camiseta más tarde'. Yo le respondí que prefería a su hermana antes que su camiseta. A Zidane le dije unas palabras estúpidas que no podían provocar tal reacción. En cualquier campo de Roma, Nápoles, Milán o París se escuchan cosas bastante peores".

Con la expulsión de Zidane, capitán y líder del elenco francés, cuyas genialidades les habían permitido alcanzar la final, el equipo se vino abajo en lo anímico. Aunque había inferioridad numérica en la cancha, lograron soportar los embistes del combinado italiano para llegar a la definición por disparos desde el punto penal.

"Me parece normal decir que Zidane se equivocó. Cualquiera de nosotros se puede equivocar en la vida, pero no estoy de acuerdo en decir, como algunos le quisieron hacer creer, que tuvo razón. Porque no tenía razón, estaba equivocado", enfatizó el zaguero francés Lilian Thuram a *DeporTV*. "Las personas que dicen que tuvo razón nunca se encontraron en una situación en la que fuera necesario trabajar juntos para alcanzar un objetivo extraordinario y que, de repente, haya uno que lo ponga en peligro y haga casi imposible alcanzar ese objetivo por el que trabajaste toda una vida".

En la definición por penales, franceses e italianos convirtieron potentes y precisos disparos hasta que David Trezeguet golpeó su remate al travesaño. El defensor Fabio Grosso anotó el último penal, para sentenciar la serie con marcador de 5-3 y sellar el triunfo italiano para conquistar su cuarta estrella como campeona del mundo.

Un día más tarde, Zidane fue reconocido como el mejor jugador del torneo, recibiendo la distinción del Balón de Oro del Mundial. La actuación del diez francés en fase final, donde marcó o asistió frente a potencias como España, Brasil, Portugal e Italia, es una de las mejores que se ha visto en las Copas del Mundo.

Aquel equipo que estuvo cerca de quedarse fuera del Mundial en eliminatorias, se nutrió del regreso de un "mago", cuya determinación potenció al colectivo y lo guió, contra todo pronóstico, a una final del mundo. Nunca sabremos qué hubiera pasado si la agresión de Zidane no se hubiera producido en la prórroga; lo cierto es que, una vez más, fuimos testigos de que existe una línea muy delgada entre ser campeón y quedarse a un pequeño paso de la máxima gloria.

CAPÍTULO 19

2010 EL BALÓN MÁS ODIADO DE LOS MUNDIALES

La verdadera protagonista de un partido de fútbol es la pelota y no fue hasta la edición de 1970 que la Copa del Mundo contó con una oficial: el Telstar, inspirado en un satélite con el mismo nombre, lanzado al espacio en 1960 para transmisiones televisivas entre América y Europa. El diseño clásico del Telstar, con 32 paneles blancos y negros, en forma de pentágonos, se convirtió en la representación clásica de un balón de fútbol.

A partir de ese año hasta la actualidad, la marca alemana Adidas se ha encargado de fabricar el balón oficial de cada Mundial que ha evolucionado y cambiado considerablemente con el pasar del tiempo: del Telstar al Tango, luego el Azteca, el Tricolore y el Teamgeist. Cada esférica quedó en la historia, siendo un afianzado recuerdo de cada Copa del Mundo.

Aunque los diferentes balones mundialistas nos generan gran nostalgia y emoción, al hacernos recordar muchos de los momentos que nos hicieron amar el fútbol, existe uno de ellos cuyas memorias no son del todo positivas: el Jabulani de Sudáfrica 2010.

Tras el éxito del Teamgeist de Alemania 2006, Adidas redujo el número de paneles de 14 a ocho, fabricando lo que ellos tildaron como "el esférico más perfecto en la historia del fútbol". La esférica contaba con pequeñas ranuras para mejorar su trayectoria, y

menos costuras que optimizarían el contacto con los botines de los jugadores.

La marca alemana también afirmó el uso exhaustivo de pruebas científicas, utilizando robots, túneles de viento y otras técnicas. Todo apuntaba a que el nuevo balón, cuyo nombre hacía honor el término "celebrar" en el idioma zulú sudafricano, sería un nuevo éxito; sin embargo, no hubo nada que celebrar.

Una vez presentado el balón, los principales equipos del mundo empezaron a recibirlo para familiarizarse con él, previo a la gran cita mundialista. Muchos de los mejores arqueros del planeta manifestaron de inmediato su descontento.

"El nuevo modelo es absolutamente inadecuado y me parece vergonzoso dejar que se juegue una competición tan importante, en la que participan muchos campeones, con un balón así", sentenció el legendario cancerbero italiano Gianluigi Buffon. "Es un balón especial, hecho para complicarle la vida a los arqueros para que haya más goles. Cuesta calcular la trayectoria, se mueve extraño", señaló Claudio Bravo, portero y campeón de América con Chile.

Presuntamente, el nuevo diseño de paneles provocaba trayectorias irregulares en el balón mientras viajaba en el aire, haciendo la tarea de los arqueros bastante complicada.

Fernando Muslera, arquero uruguayo de gran torneo en 2010, también emitió al medio *El Observador*, su negativa sobre el esférico: "Se mueve mucho y hay que esperar los movimientos que hace para tomar decisiones. Es un balón muy difícil de agarrar, el peor con el que jugué. Lo mejor es rechazarlo lo más lejos posible de la portería".

Iker Casillas, arquero y capitán campeón de esa edición con España, tampoco hizo caso omiso sobre el paupérrimo balón. "Un poco triste que una competición tan grande como un Mundial tenga un elemento tan importante como el balón en pésimas condiciones. No solo se quejan los arqueros, también los jugadores de campo. Es normal que se hable ahora mucho de la pelota porque es nueva y llega a un Mundial, pero —por suerte— esta vez no nos hemos quejado solo los arqueros, sino también los jugadores de campo".

Si existe un jugador en la historia, capaz de domar un balón como si de magia se tratara, es Diego Armando Maradona, quien en 2010 fungió como seleccionador nacional de Argentina. Cuando se le preguntó sobre el Jabulani, no titubeó en contestar: "Jugar con esta pelota es imposible. Es imposible agarrarla. Que se fijen en la pelota, una pelota que le haga bien al jugador de fútbol".

El capitán esloveno Robert Koren, que anotó un gol de media distancia (27 metros) frente a Argelia, reconoció que la trayectoria irregular de la pelota jugó a su favor para complicar al arquero. "Cualquier jugador, si es honrado, dirá que hay algo extraño con el balón".

Uno de los grandes protagonistas de aquel torneo fue Sebastián "El Loco" Abreu, quien picó "a lo Panenka" su cobro frente a Ghana desde los 12 pasos. Tiempo después, en entrevista con ESPN FC, contó una de las razones por las que ejecutó su penal de esa forma: "Era una pelota playera. Diego Forlán pidió que le acercaran una tres meses antes del Mundial y fue el único que la entendió. Yo erré los tres penales en la práctica anterior al partido contra Ghana".

Finalizado el Mundial y tras las numerosas quejas sobre el balón, la NASA tomó la determinación de analizar el balón y su comportamiento aerodinámico. Los estudios mostraron que el Jabulani experimentaba un "efecto nudillo" a una velocidad de 72 km/h. Al ser golpeada la pelota con mucha fuerza, su dirección variaba de manera totalmente aleatoria durante su vuelo, dando validez a las críticas efectuadas por los arqueros en los meses anteriores.

Aunque el balón tuvo un gran éxito comercial, tras vender más de 13 millones de Jabulani a nivel mundial; la pelota de Sudáfrica 2010 siempre será recordada como la más infame y odiada, gracias al disgusto en conjunto de las máximas estrellas del fútbol.

LA MANO DE SUÁREZ

Habían quedado atrás los días de gloria uruguayos en la Copa del Mundo. Si bien la Celeste había conquistado dos campeonatos y dos cuartos lugares en sus seis primeras participaciones entre 1930 y 1970, vino un importante período de sequía.

Luego de México 70', Uruguay disputó 13 encuentros hasta 1990, donde solo pudieron lograr un triunfo frente a Corea del Sur. Tras no clasificar a las ediciones de 1994 y 1998, una pobre actuación en Japón-Corea 2002 cayendo en primera ronda y nuevamente ausentarse en Alemania 2006, algo tenía que cambiar.

En marzo de 2006, la Federación Uruguaya de Fútbol apuntó a Óscar Washington Tabárez como nuevo seleccionador. Tabárez había sido el entrenador uruguayo en Italia 90', donde la Celeste logró su última victoria y superó la fase de grupos por última vez.

Para Sudáfrica 2010, la eliminatoria sudamericana fue dura, como de costumbre. Uruguay logró alcanzar el quinto puesto, superando por tan solo un punto a Ecuador y Colombia, dos puntos por encima de Venezuela.

En el repechaje intercontinental, Uruguay logró superar con marcador global de 2-1 a una muy difícil selección de Costa Rica, cuya generación dorada, con nombres como Keylor Navas, Bryan Ruiz y Christian Bolaños, estaba en plena formación.

Uruguay llegó a Sudáfrica 2010 con un interesante grupo de jugadores, aunque lo más importante era la armonía y la cohesión que se vivía en la concentración a nivel de grupo. Jóvenes como Luis Suárez (23), Edinson Cavani (23), Diego Godín (24) y Fernando Muslera (23) se sumaron a otros más experimentados como Diego Forlán (31), Diego Lugano (29) y Sebastián Abreu (33).

Antes de iniciar la gran cita, Uruguay compartía un difícil grupo con Francia, vigente subcampeona del mundo; México, campeona continental (Copa Oro); y Sudáfrica, país anfitrión. Tabárez estaba consciente de que la historia reciente de la Celeste en los Mundiales no era la mejor; no obstante, él y su grupo sabían lo que estaba en juego.

"Los jugadores ya lo saben; no solo juegan al fútbol, sino que son gente muy interesada en el fútbol como deporte y en la historia del fútbol uruguayo. Siempre es una gran motivación tratar de hacer lo que hace tiempo que no se hace. Es lo mismo que cuando un entrenador es contratado por un equipo que hace 30 años que no sale campeón; es dificilísimo, porque por algo suceden las cosas, pero a su vez es un gancho, una motivación importante", declaró Tabárez en una entrevista con *El País*. "Acá pasa lo mismo, sin irnos para el otro lado, porque este grupo se tiene que hacer responsable de su historia, que empezó hace cuatro años. Nosotros queremos llevarlo lo más lejos que podamos en el Mundial, pero somos conscientes de que hay realidades de fondo de las que tampoco corresponde hablar ahora, porque también pueden salir de contexto".

La Celeste superó como líder la fase de grupos, empatando a cero con Francia, para luego doblegar por 3-0 a Sudáfrica y 1-0 a México. El tridente de ataque uruguayo, conformado por Diego Forlán, Luis Suárez y Edinson Cavani, empezó a engranar y mostrar su mejor fútbol. Sin encajar goles en primera ronda, el arquero Fernando Muslera, junto a los zagueros Diego Godín y el capitán Diego Lugano, habían crecido en confianza.

En octavos de final, "la garra charrúa" venció a Corea del Sur con marcador de 2-1, gracias a un doblete de Luis Suárez. La selección uruguaya alcanzaba los cuartos de final por primera vez desde 1966, donde cayeron frente a la Alemania Occidental de Franz Beckenbauer y Uwe Seeler.

Los cuartos de final se disputaron en el estadio Soccer City de Johannesburgo, frente a la aguerrida selección de Ghana, que buscaba convertirse en el primer seleccionado africano en alcanzar las semifinales y qué mejor que hacerlo en un Mundial disputado por primera vez en su continente.

El trámite no empezó bien para los uruguayos. Finalizando la primera parte, el ghanés Sulley Muntari efectuó un potente remate lejano, cuyo efecto confundió al arquero Muslera, para darle la ventaja a Ghana a los 45+2 minutos. En la segunda parte, Diego Forlán volvió a vestirse de héroe, convirtiendo un precioso tiro libre desde la izquierda, con su pierna derecha, para batir al portero ghanés Richard Kingson e igualar las acciones.

Con el empate a uno en el marcador, se jugó una reñida prórroga, donde ambos equipos, más que nunca, sabían lo que estaba en juego. Cuando todo apuntaba a que el pase a semifinales se decidía por definiciones desde el punto penal, sucedió uno de los hechos más recordados y curiosos de los Mundiales.

Mientras transcurría el último minuto del tiempo extra, Ghana lanzó un centro al área uruguaya por medio de un tiro libre. Tras par de rebotes, Stephen Appiah, uno de los emblemas de aquel equipo ghanés, remató al arco a puerta vacía y Luis Suárez, atacante uruguayo, logró despejar con sus pies, el balón sobre la línea. En el rebote, Dominic Adiyiah remató de cabeza para anotar lo que significaba el gol del triunfo; no obstante, volvió a aparecer Luis Suárez.

Como instinto de supervivencia para mantenerse vivos en la Copa del Mundo, Luis Suárez, ubicado sobre la línea de gol, detuvo el remate con sus manos, impidiendo el gol ghanés. El árbitro portugués Olegário Benquerença sentenció una pena máxima a favor de los africanos y expulsó con roja directa a Suárez, quien entre lágrimas tuvo que abandonar el campo, estando dispuesto a sacrificarse por su equipo en aquella acción.

"Es increíble toda la jugada", recuerda Suárez a FOX. "Primero, porque qué hacía yo metido dentro del arco. Fucile tenía amarilla, ya no jugaba la semifinal, siempre lo dije, ¿por qué no metió él la mano? Bueno, la metí yo y todavía me quiero hacer el boludo, como esperando a ver si me confunden con Fucile. Estaba llorando, hundido, no me terminé de ir porque de alguna vez tenía que ver el penalti. Fue increíble". Suárez no sintió culpa por haber detenido el gol ghanés con sus manos; por el contrario, su acción permitió a su equipo mantenerse vivo.

"Yo creo que no hice nada malo", contó Suárez a *Mirror*. "Me sacrifiqué a no jugar en una semifinal de la Copa del Mundo para que mis compañeros de equipo pudieran tener una oportunidad de jugar ese choque".

Asamoah Gyan, de grandes actuaciones en aquella Copa del Mundo, tuvo la responsabilidad de ejecutar el penal que podía darle a Ghana el pase a las semifinales; sin embargo, por cosas del fútbol, la ejecución no fue la mejor. Gyan reventó su remate al travesaño y enseguida el árbitro sentenció el final del encuentro. Se recuerda a Suárez fuera del campo, celebrando con total euforia, pues su equipo se mantenía vivo luego de su último sacrificio.

"El penalti fallado es algo que nunca olvidaré. Ahora forma parte de mi vida", confesó después Gyan a *Outlook*. "No soy el único jugador que ha fallado un penalti decisivo. Podríamos habernos convertido en el primer equipo africano que llega a las semifinales del Mundial. A veces, cuando estoy solo, pienso en ello y todavía me duele. Siento que tal vez podamos volver a cobrar el penalti para poder redimirme".

La clasificación iba a decidirse desde los 12 pasos, y el Maestro Tabárez, previo a la definición, tuvo un importante recado, según contó Sebastián "Loco" Abreu, quien había ingresado en la segunda parte, a Fox Sports: "Me arrimé al Maestro solo para no quedar pegado. Le digo: 'Maestro, ¿no me deja quinto que tengo un presentimiento que lo liquido yo?' Y me pone último".

Con la serie 3-2 a favor de Uruguay, Abreu tomó el balón para ejecutar el quinto cobro celeste que, de convertirlo en gol, le estaría dando a su equipo el pase a semifinales. El Loco picó el balón al centro de la portería, al mejor estilo de Antonín Panenka, batiendo al arquero Kingson, llenando de alegría al pueblo uruguayo, porque su equipo estaba en semifinales.

"Ya sabía cómo tenía que patear porque el arquero de Ghana siempre se tiraba para su derecha y daba un paso antes de que el

ejecutante llegara", confesó Abreu en Fox Sports. "Entonces pensé: 'Es suavecito al medio para que no se vaya arriba del travesaño'. Cuando levanté la cabeza y vi que el arquero ya se había tirado dije: 'Es mi noche'. Y ahí salí festejando".

En la rueda de prensa luego del encuentro, se le preguntó al seleccionador Tabárez sobre aquella ejecución de Abreu. El Maestro fue contundente con su respuesta: "Para mí, no fue una locura, fue gol. Se lo vi hacer en la Copa América ante Brasil. Yo lo llamo clase, categoría. Los que lo critican no se animarían ni a lo mínimo. Él se animó y para mí es una demostración de clase".

Uruguay cayó en las semifinales frente a los Países Bajos, que contaron con una gran noche de Wesley Sneijder y Arjen Robben. Aunque el sueño de ser campeones se había esfumado, la Celeste volvió a tener una digna representación en los Mundiales, haciendo honor al histórico equipo que ha sido exitoso en el certamen.

Gracias a sus grandes actuaciones, liderazgo en el campo y geniales goles a lo largo de la competición, Diego Forlán obtuvo la distinción del Balón de Oro de la competición.

Un año después, el combinado uruguayo se sacaría la "espinita", ganando la Copa América de Argentina, para poner fin a una racha de 16 años sin títulos. Luis Suárez fue nombrado como jugador más valioso de la contienda.

CAPÍTULO 20

2014 ¡PURA VIDA!

Finalizaba el sorteo para la Copa del Mundo de 2014, a celebrarse en Brasil, e inmediatamente un grupo acaparó toda la atención, el "D", donde jugarían tres campeonas del mundo que, entre ellas, sumaban siete conquistas internacionales: Italia, Uruguay e Inglaterra. El equipo restante era bastante modesto, la selección de Costa Rica, que regresaba al magno evento futbolístico tras ausentarse en la pasada edición.

Tanto los medios de comunicación como la opinión pública hacían eco de que los tres campeones mundiales pasarían por encima a Costa Rica y definirían los dos clasificados a octavos entre ellos mismos. Lo que no era un razonamiento descabellado.

Uruguay venía de ganar la Copa América de 2011 y alcanzó las semifinales en la edición anterior, conservando la mayoría de sus grandes figuras, como Luis Suárez, Edinson Cavani y Diego Forlán. Italia había alcanzado la final de la Eurocopa 2012, dejando buenas sensaciones. Inglaterra, como siempre, contaba con buenos jugadores, donde destacaban Steven Gerrard y Wayne Rooney.

La gran figura costarricense de cara al Mundial era Keylor Navas, soberbio guardameta que venía de ser distinguido como el mejor de la liga española en la 2013/14, jugando para el Levante, equipo de media tabla. Tan pronto se dieron los resultados del sorteo, Navas mantuvo intacta su fe de trascender en Brasil 2014 y así lo manifestó en entrevista para FIFA: "¡Claro que hay esperanzas (de pasar a octavos)! En la vida no hay nada imposible. Son selecciones de mucho nivel, habituales en los Mundiales donde hacen buenos papeles. Pero es algo que nos motiva, es un reto muy importante en nuestra vida, en nuestras carreras como futbolistas. Hay que jugar los partidos. No se puede hablar antes. Vamos con mucha ilusión y son 90 minutos en cada caso para la esperanza".

El elegido para llevar el timón del combinado "tico" era el colombiano Jorge Luis Pinto, quien asumió el mando en 2011. Pinto, un respetado entrenador en el ámbito latinoamericano, había sido exitoso en Costa Rica con el Alajualense, equipo al que sacó campeón en dos ocasiones (2002 y 2003).

Pinto apostó por un 5-4-1, sólido en defensa con tres zagueros, uno de ellos Giancarlo González, con gran salida de balón. Celso Borges y Yeltsin Tejeda brindaban equilibrio en el centro del campo, mientras que Bryan Ruiz y Christian Bolaños aportaban su amplia creatividad en tres cuartos de cancha. El centro delantero era Joel Campbell, ficha del Arsenal, que ya tenía experiencia europea en clubes como Real Betis y Olimpiakos.

El estreno costarricense se produjo en el Estádio Castelão de Fortaleza frente a Uruguay. Las cosas no empezaron bien para los dirigidos por Pinto: El defensor Júnior Díaz derribó en el área al capitán uruguayo Lugano, otorgando una pena máxima que luego fue convertida en gol por Cavani a los 24 minutos.

En medio de un panorama nada favorable, Costa Rica mantuvo su intención y no se desmoronó ante la adversidad. Iniciada la segunda parte, Joel Campbell consiguió el empate al minuto 54 tras un riflazo de pierna izquierda y, tres minutos después, Óscar Duarte se lanzó de "palomita" y logró ubicar el balón en el poste más lejano para dar vuelta al marcador. A partir de ese momento Uruguay quedó sin reacción, atónita y desconcertada; vivía una situación inimaginable, mucho menos luego de haber empezado ganando el encuentro.

Marco Ureña anotó el tercer gol "tico" para poner cifras definitivas de 3-1 en el marcador, sellando así una de las remontadas más impresionantes y poco probable de los Mundiales. El defensor uruguayo Maxi Pereira se fue expulsado al minuto 94, producto de la impotencia ante tal resultado.

"Para mí y Costa Rica es lindo el triunfo, se lo dedicamos al pueblo. Pero hay que tener tranquilidad y equilibrio emocional", sentenció Jorge Luis Pinto tras la victoria. "Esto sigue, aún no hemos clasificado. Le hemos ganado a un gran equipo, nada más. Íbamos perdiendo, era imposible recibir un segundo y lo manejamos bien".

Seguía Italia, un combinado histórico que venía de ganarle bien a Inglaterra en Manaus. Aquel equipo dirigido por Cesare Prandelli contaba con jugadores que marcaron una época en el fútbol europeo: Gianluigi Buffon, Andrea Pirlo, Giorgio Chiellini y Daniele De Rossi, por mencionar algunos.

En el partido disputado en Recife, Costa Rica logró contener los asedios de la *Azzurra* en los primeros minutos. Se recuerda al atacante italiano Balotelli inquietando en múltiples ocasiones al cancerbero Navas, aunque no tuvo éxito.

Mientras transcurría el minuto 44, Júnior Díaz lanzó un largo pase aéreo desde la izquierda, que fue rematado de cabeza por Bryan Ruiz. El balón pegó en el poste y rebotó dentro del arco, por lo que hubo unos segundos de incertidumbre; no se sabía si la esférica había entrado en su totalidad. Segundos después, el árbitro chileno Enrique Osses convalidó el gol tras ser confirmado por el "Goal-line technology". Fue el único gol del encuentro, lo que significaba dos triunfos en dos partidos para Costa Rica y, contra todo pronóstico, el pase a los octavos de final.

"Un equipo equilibrado, compacto, táctico, que se supo defender y no le tuvo miedo a Italia; se paró en la mitad de la cancha a pesar de ganar 1-0", manifestó Pinto a *Tigo Sport*. "Digan lo que quieran decir, pero Costa Rica no fue al Mundial a tirar el balón para arriba; fue a jugar fútbol, a presionar al contrario, a jugar adelantado y eso demostró por lo que se hizo, que no recibimos tanto

ataque, pese a que Balotelli nos pudo haber hecho el gol a los 15 minutos; para mí fue un partido perfecto".

En el último encuentro de la fase, Costa Rica empató a cero con Inglaterra, sellando su pase a los octavos de final como invicta y primera de grupo, por encima de tres campeonas del mundo. "Tal vez mucha gente no tenía fe porque estábamos en el grupo de la muerte, pero hoy los muertos son otros y nosotros vamos a la siguiente ronda", declaró el capitán "tico", Bryan Ruiz.

La clasificación de Costa Rica a la segunda ronda era vista como una misión imposible; no obstante, el equipo de Pinto demostró que con trabajo se podía competir y doblegar a las grandes. Ahora el objetivo era mayor: ir partido a partido y llegar lo más lejos posible. La gente ya empezaba a creer en el combinado nacional.

Los costarricenses regresaron a la Arena Pernambuco de Recife, esta vez para enfrentar a Grecia en los octavos de final, en un partido que terminó igualado 1-1 tras 120 minutos. Con la posibilidad histórica de clasificar a los cuartos de final, Keylor Navas se convirtió en el gran héroe durante los lanzamientos desde el punto penal, deteniendo el cobro de Theofanis Gekas, un experimentado atacante con un pasado importante en la Bundesliga. "Esta es una de las cosas más lindas que me han pasado en la vida", dijo Keylor Navas tras el triunfo. "Fue muy difícil, pero el equipo se mantuvo y nunca perdió la fe. Siempre creímos que podíamos ganar y es una realidad, estamos felices", sentenció a COPE.

Hasta ese momento, el trascender del seleccionado costarricense se convirtió en un fenómeno nacional, haciendo que la frase popular de ese país, "¡Pura vida!", cruzara sus propias fronteras y calara a nivel internacional. La expresión, que también tiene un uso cotidiano, simboliza el buen vivir, el apego a la humildad, abundancia, bienestar, alegría, paz, felicidad y el optimismo.

Aquella frase surgió de la película mexicana *¡Pura vida!* de 1956, donde el actor Antonio Espino y Mora la usaba para referirse a situaciones bonitas o positivas. La selección de Costa Rica le estaba brindando a su país el panorama más hermoso y optimista posible en la Copa del Mundo.

El pase a las semifinales, disputado en la Arena Fonte Nova de Salvador, tuvo a Costa Rica y Países Bajos en un encuentro donde no se hicieron daño, prevaleciendo el empate a cero en el marcador. Transcurriendo el minuto 120+1, el entrenador holandés Louis van Gaal tomó una de las decisiones más recordadas de ese Mundial, dando ingreso al portero Tim Krul, únicamente para hacerse cargo de detener los penales.

"Lo hemos pensado bien. Cada jugador tiene ciertas habilidades y cualidades, y no siempre coinciden", expresó Van Gaal. "Pensamos que Tim sería el portero más adecuado para parar los penaltis".

El imponente Krul de gran tamaño, midiendo 1,90 metros, esperaba a cada lanzador costarricense en el punto penal, donde los intimidaba con palabras o gestos. "Los sorprendí. Intentas hacer todo lo posible sin ser demasiado agresivo. Intenté meterme en sus mentes", recordó Krul.

La jugada de Van Gaal rindió frutos: Tim Krul detuvo los penales de Bryan Ruiz y Michael Umaña, para darle el pase a la semifinal a los Países Bajos. Aunque el sueño mundialista había acabado para Costa Rica, se marcharon con la frente en alto luego de una gran aventura.

"Para mí hay un logro que nadie ha reconocido y me gustaría que se viera que mi equipo (Costa Rica) recibió un solo gol en acción de juego y jugando cinco partidos contra cuatro potencias del mundo", señaló Jorge Luis Pinto en la revista *Club Perarnau*. "Eso, en mi humilde opinión, es histórico; no recuerdo un solo seleccionado en el mundo que lo haya logrado".

Más allá de los resultados, el combinado "tico" demostró que, a pesar de existir una amplia diferencia de calidad entre los nombres y por más grandes que sean los rivales, se puede ser exitoso en una Copa del Mundo, si se transmite y ejecuta bien una idea, sin necesidad de encerrarse atrás para apostar al azar.

"Costa Rica entregó un modelo que hoy lo están poniendo todos los equipos en el mundo. Chelsea fue campeón de Champions (2020/21) con ese estilo táctico y modelo, y muchos otros equipo sabiéndolo explotar", expresó Jorge Luis Pinto sobre su esquema táctico de 5-4-1 con Costa Rica, que lo llevó a disputar los cuartos de final en el Mundial.

CAPÍTULO 21

2018 MODRIĆ: CONTRA TODO PRONÓSTICO

En la década de los 90, Croacia, nación ubicada entre Europa Central, Europa meridional y el mar Adriático, vivía tiempos difíciles, ya que intentaba disolver su asociación con Yugoslavia. Aunque Croacia declaró su independencia en junio de 1991, la minoría serbia de Croacia hizo caso omiso y envió al Ejército Popular Yugoslavo a enfrentarse a las recién creadas fuerzas armadas croatas.

Tras meses de asedio, el ejército yugoslavo causó estragos en el territorio croata, dejando en ruinas múltiples ciudades y pueblos, entre ellos Vukovar, el principal puerto fluvial del país.

El 8 de diciembre de 1991, una violenta milicia serbia asaltó Modrici, un pequeño pueblo cerca de las montañas Velebit, en el norte de Dalmacia. Ahí se encontraba un señor llamado Luka Modrić, quien paseaba su ganado por una calle abandonada. Instantes bastaron para que el grupo serbio lo ejecutara brutalmente, junto a otros pueblerinos.

Aquel señor tenía un nieto de seis años, que llevaba su mismo nombre, Luka Modrić, al que crió y cuidó hasta el último día de su vida. Los padres del pequeño Luka, Stipe y Radojka, generalmente estaban ausentes, ya que trabajaban por largos períodos de tiempo en una fábrica de ropa, para así proveer a su familia.

"Yo tenía una relación increíble con mi abuelo, porque mis padres trabajaban y pasaba mucho tiempo con él. Fue muy triste lo que le pasó y me marcó porque era muy joven y él era una persona muy importante. Me afectó mucho. Era pequeño y aún no era consciente de por qué pasan algunas cosas", recordó Luka Modrić a *Cope*, décadas más tarde. "Tengo cosas grabadas, cómo le fueron a buscar. Él iba con sus animales y siempre volvía a la misma hora, pero ese día no apareció. Fueron a buscarle, pero yo sabía que no lo iban a encontrar. Por la noche, nos enteramos de todo lo que pasó y fue una situación muy triste para todos, pero sobrevivimos. Tenemos grandes recuerdos de él".

El incidente y la tensa situación obligaron a la familia de Modrić a abandonar Modrici, para buscar refugio en un hotel, ubicado en la ciudad de Zadar. Las condiciones eran paupérrimas: no había agua ni electricidad; el sonido de bombas y disparos eran normales.

"Cuando pasó esto nos fuimos a Zadar, allí nos meten en un hotel con otros refugiados. Yo tenía seis años y vivía con mis padres y una hermana pequeña", cuenta Modrić. "Los cuatro vivíamos en 20 metros cuadrados. No puedo decir que mi infancia no fuera feliz; era dura, pero recuerdo la alegría. Había muchos niños y en frente del hotel jugábamos al fútbol y podíamos no pensar en lo que pasaba alrededor".

"A menudo caían las bombas, a lo mejor a 100 metros, y teníamos que correr al búnker antes de volver a entrenar o irnos a casa", confesó Modrić a *Cope*. "No lloraba, sabía que estaba pasando algo malo, pero había mucha gente y los niños jugábamos cuando podíamos. Tienes un poco de miedo, porque siempre esperas que tu padre vuelva a casa; pero no tenía miedo, solo quería que los míos estuvieran bien".

El fútbol se convirtió en el escape del pequeño Modrić, quien se concentraba en la actividad, para mejorar sus habilidades y olvidar, por momentos, la tensa situación que se estaba viviendo en Zadar. "Siempre me gustó el fútbol. Recuerdo que mis primeras espinilleras llevaban el nombre del brasileño Ronaldo y me encantaban", comentó Modrić. "La guerra me hizo más fuerte. Fue una época muy dura para mí y mi familia. No quiero arrastrar eso para siempre, pero tampoco quiero olvidarlo".

Terminado el conflicto bélico en Zadar, muchas familias abandonaron el refugio y regresaron a casa; no así la de Modrić. Durante la guerra, sus padres vieron la pasión con la que su hijo jugaba al fútbol, por lo que decidieron apoyarlo. "Mis padres no se dejaron llevar por la idea de que me convertiría en un futbolista famoso. Solo querían ayudar a su hijo", cuenta Modrić. "Se quedaban en Zadar para ayudar a su hijo a hacer lo que le gustaba, tanto si triunfaba como si no. Por eso estoy encantado de tener unos padres así".

Josip Bajlo, entonces entrenador del NK Zadar, equipo de Primera División, escuchó rumores sobre un niño que jugaba al fútbol: "Oí hablar de un niño hiperactivo que jugaba constantemente con un balón de fútbol en el pasillo de un hotel de refugiados e incluso se iba a dormir con él". En un momento donde el pequeño Modrić era descartado por su tamaño y fragilidad, Bajlo fue a verle jugar y de inmediato lo inscribió en la escuela del equipo; sabía que el niño tenía algo especial.

"He vivido rodeado de dudas desde pequeño, por mi físico, por no tener altura. Algunos pensaban que eso era importante para triunfar en la vida y en el fútbol, pero yo nunca dudé de mí mismo", confesó Modrić a la revista *GQ*. "No me importaba lo que dijeran los demás, yo tenía mis sueños y siempre miraba hacia delante. Ese tipo de cosas me motivaban para demostrar a todo el mundo que estaba equivocado. Nunca tuve ninguna duda de que lo iba a conseguir".

Años más tarde, en 1998, Croacia disputó su primera Copa del Mundo en Francia, generando gran ilusión en un país que por fin se vería representado como independiente, en la máxima cita del fútbol internacional.

Aquel espléndido equipo desplegó un fútbol maravilloso, sorprendiendo a propios y extraños. Contra todo pronóstico, de la mano de Davor Šuker, goleador del torneo, además de otras figu-

ras como Zvonimir Boban y Robert Prosinečki, el combinado croata alcanzó el tercer lugar.

Modrić recuerda a *France Football* la importancia e inspiración que le brindó aquel torneo: "Como jugador y como persona, Zvonimir Boban. Tenía 13 años cuando llevó a Croacia a semifinales del Mundial 1998. Perdimos contra Francia. Boban es una fuente de inspiración para mí".

Pasaron los años y el juego de Modrić empezó a crecer, logrando debutar como profesional en el 2003 para el Dínamo Zagreb, el equipo más importante de Croacia. Su visión de juego, capacidad para conectar precisos pases a corta y larga distancia, además de una creatividad sin límites, hicieron que Modrić dominara a placer el ámbito local, buscando retos en nuevos horizontes.

En 2008, el Tottenham inglés se hizo de los servicios del croata, quien nuevamente se destacó sobre el resto, esta vez en la Premier League que, para muchos, es el campeonato de liga más difícil del mundo. Las actuaciones de Modrić no pasaron por alto a nivel internacional, generando interés en el Real Madrid, quien le fichó en 2012 por 30 millones de libras.

Los mejores años de Modrić llegarían vistiendo la casaca blanca del Madrid, donde fue fundamental para la conquista de cuatro Champions League en cinco temporadas, tres de ellas de forma consecutiva (2016, 2017 y 2018), con Zinedine Zidane como entrenador. Aunque a nivel de clubes ya había alcanzado lo más alto, el dotado centrocampista croata sentía que aún debía brindar alegrías a su país.

"Cuando Zidane llegó a ser entrenador del Madrid en enero de 2016, me llamó un día a su despacho, después de un entrenamiento. Me explicó cómo me veía como jugador y también qué esperaba de mí", contó Modrić a *France Football*. "Me dijo que era un futbolista muy importante para él. Y, sobre todo, que me veía como un jugador que mañana podía ganar el Balón de Oro. Cuando alguien como Zidane, con su personalidad y su historial, te dice esto, te sube la moral".

Luego de fallar en la clasificación al Mundial de 2010 y caer en la primera ronda de Brasil 2014, Luka Modrić afrontaría en Rusia 2018, su primera Copa del Mundo como capitán. En el mejor momento de su carrera, a los 32 años, Modrić desplegaría su mejor fútbol.

Iniciado el Mundial de 2018, Croacia, con Zlatko Dalić como entrenador, lideró su grupo con pleno de victorias sobre Nigeria, Islandia y Argentina, vigente subcampeona, a la que marcó un hermoso tanto, tras un potente disparo lejano de 20 metros.

Tras doblegar a Dinamarca, la anfitriona Rusia e Inglaterra en semifinales, Croacia superó su icónica actuación de 1998, con un inspirado Luka Modrić que soñaba con levantar el trofeo para su país.

"Cuando Croacia fue tercera en el Mundial de Francia (1998), soñaba con llegar allí y hoy soy su capitán", contó Modrić a *El País*. "Se ha cumplido también el sueño de jugar en un equipo grande, por eso disfruto cada día. Nunca estoy satisfecho con nada, como le he dicho antes, me pongo delante la exigencia hasta lo que dure".

Luego de jugar tres prórrogas consecutivas en su camino a la final, la agotada Croacia debía enfrentarse una vez más a Francia, mismo equipo que acabó con la ilusión de la nación en 1998. Aunque Modrić y sus compañeros hicieron los mejores esfuerzos, los galos fueron muy superiores, ganando con marcador de 4-2 para poner fin a la aventura croata. Modrić fue distinguido como el mejor jugador del torneo.

Si bien la osada misión de llevar a Croacia a la cima del mundo no fue cumplida, llegar a la final de una competición tan difícil, de la mano de Modrić, fue una gran gesta. Nadie se imaginaba que un pequeño país de 56 594 km² y poco más de tres millones de habitantes, pudiera terminar por encima de grandes potencias como Brasil, Alemania o Argentina.

El premio personal de Modrić llegaría meses más tarde, cuando a finales del 2018 recibió la distinción del Balón de Oro, reconocimiento que rinde honor al mejor jugador del año. "Soy como soy,

no puedo cambiarme, pero me hace feliz que la gente haya reconocido por fin todo lo que he conseguido en mi carrera deportiva", reflexionó Modrić a la revista *GQ*. "Aunque es verdad que he tenido que ganar muchas cosas para que sucediera, ganar tres Champions seguidas y llegar con un país tan pequeño como Croacia a la final del Mundial, que era algo casi inimaginable. Solo entonces otros se dan cuenta de que el fútbol no es solo goles, goles y goles".

"El camino ha sido largo y duro, pero por eso mismo me hace más feliz todo lo que me está pasando ahora", continuó el diez croata. "Todos los reconocimientos, como el FIFA World Player o el Balón de Oro, saben mejor cuando eres consciente de que nadie te ha regalado nada".

Contra todo pronóstico, y enfrentando adversidades con la fe de salir adelante, Luka Modrić se convirtió en uno de los mejores futbolistas de su generación y, de forma unánime, en el mejor jugador croata de todos los tiempos, por encima de Boban, Prosinečki y Šuker, quienes en su día fueran sus ídolos.

Las duras pérdidas en tiempos de guerra, su crecimiento en un ambiente hostil, y los múltiples rechazos por su pequeño tamaño no detuvieron a Modrić, quien ahora en la cima rinde tributo a su abuelo: "Es una pena que no haya visto lo que he logrado, pero espero que lo haya visto desde arriba".

SOBRE EL AUTOR

Andrés Lichtveld, nacido en Maracaibo, Venezuela, es un periodista y productor que vive el deporte con pasión, como parte de su día a día. Ha relatado dos Copas del Mundo (2014 y 2018); además, es colaborador para diversos medios como Diario AS y Sports Illustrated. Co-creador de Idioma Fútbol e Idioma Futve.